财务小课，
轻松趣学
财报入门 图解版

曾永翠◎编著

中国铁道出版社有限公司
CHINA RAILWAY PUBLISHING HOUSE CO., LTD.

北 京

图书在版编目（CIP）数据

财务小课，轻松趣学财报入门：图解版 / 曾永翠编著. — 北京：中国铁道出版社有限公司，2024.8
ISBN 978-7-113-31235-0

Ⅰ.①财⋯ Ⅱ.①曾⋯ Ⅲ.①会计报表 – 图解 Ⅳ.① F231.5-64

中国国家版本馆 CIP 数据核字（2024）第 092492 号

书　　名：财务小课，轻松趣学财报入门（图解版）
　　　　　CAIWU XIAOKE, QINGSONG QUXUE CAIBAO RUMEN (TUJIE BAN)
作　　者：曾永翠

责任编辑：王　佩　　编辑部电话：（010）51873022　　电子邮箱：505733396@qq.com
封面设计：宿　萌
责任校对：苗　丹
责任印制：赵星辰

出版发行：中国铁道出版社有限公司（100054，北京市西城区右安门西街 8 号）
印　　刷：河北燕山印务有限公司
版　　次：2024 年 8 月第 1 版　　2024 年 8 月第 1 次印刷
开　　本：710 mm×1 000 mm　1/16　印张：12.5　字数：210 千
书　　号：ISBN 978-7-113-31235-0
定　　价：69.80 元

版权所有　侵权必究

凡购买铁道版图书，如有印制质量问题，请与本社读者服务部联系调换。电话：（010）51873174
打击盗版举报电话：（010）63549461

前言

在财务岗位普遍实行电算化的环境下,很多企业都会升级相应的财务管理系统。该系统不仅能管理财务工作,就连采购、销售和库存等工作都能一起管理,非常方便。

在这样的前提下,财会人员做账、审核凭证等都变得十分快捷,甚至连财务报表都能直接通过系统设置来自动生成,不需要人工手动编制填报。这可能就使得现在很多财会人员不懂财务报表的填报工作。

然而,作为一名合格的,甚至是优秀的财会人员,需要懂得财务报表如何编制填报,尤其是对于有内审部门的企业来说,其审计人员更要明白财报数据的由来,从而便于自查。但是实际工作中有多少财会人员真正了解财务报表呢?

财报的编制说简单不简单,说难也不难。可能有一些财会人员确实想要通过掌握报表编制和分析运用来提升自己的工作能力,甚至是为自己的晋升之路加码助力,但是总觉得报表很难,习惯性望而却步,对报表的学习停滞不前。

本书将以简单易理解、轻松有趣味的方式为读者介绍四大财务报表和附注的基础内容,让读者学习起来毫不费力。

全书共七章,可大致划分为三部分。

- ◆ 第一部分为第一章,这部分主要帮助读者了解学习财务报表需要掌握的一些基础知识,包括会计基本假设、会计基础、报表种类、常见财务报表和阅读报表的小技巧等。
- ◆ 第二部分为第二至六章,这部分具体介绍四大财务报表和附注,帮助读者快速认识报表结构,清楚了解重要报表项目的填报规则和相关报表项目之间的关系,熟悉报表附注的大致内容。

◆ 第三部分为第七章，这部分内容主要是报表工作的升华，包括报表数据的财务分析，帮助读者更好地运用财务报表了解企业的经营情况。

本书内容翔实，语言轻松有趣，对于难以理解的报表知识辅以具体的案例解析，同时很多知识点以图示的形式进行说明，更形象生动，学习起来也更轻松。

最后，希望所有读者都能从本书中学到想学的报表编制和运用方法，轻松掌握财务报表的基本功。

编　者

2024 年 4 月

目录

第一章 夯实财务报表编制基本功 1

一、学财务报表要知道的基础知识 2

  01 什么是会计基本假设和会计基础 2

    实例分析 做账时权责发生制与收付实现制的对比 3

  02 财务报表有哪些种类 5

  03 编制财务报表应遵循的法律法规和要求 7

  04 企业常用的几张财务报表 9

  05 编制报表会用到的会计恒等式 10

二、关于财务报表的其他须知 11

  06 掌握阅读财务报表的小技巧 12

  07 学会看财务报表可以带来哪些好处 13

  08 要知道财务报表编制处于会计工作哪个环节 14

  09 编制财务报告绝不能忽略附注 14

  10 要明确财务报表的存在是为谁服务 17

第二章 了解资本结构,看资产负债表 19

一、资产负债表的大致结构 20

  01 我国企业常用的账户式资产负债表 20

  02 对报告式资产负债表也要有简单了解 23

  03 从资产负债表看试算平衡 24

    实例分析 资产负债表中的余额平衡 25

  04 阅读资产负债表的五个要点 27

  05 高效读懂资产负债表的步骤 28

    实例分析 一步一步快速读懂资产负债表 29

二、掌握企业的资产构成很重要 32

  06 企业会计准则规定应当单独列示的资产类项目 32

  07 了解企业的变现能力看流动资产 35

  08 一些重要的流动资产项目的填列规则 36

  09 从非流动资产看企业资产的稳定性 36

  10 一些重要的非流动资产项目的填列规则 37

三、负债与所有者权益类项目也不能忽视 38

  11 企业会计准则规定应当单独列示的负债类项目 38

  12 从流动负债看企业有多少短期内需偿还的债务 39

  13 一些重要的流动负债项目的填列 41

  14 非流动负债是企业需要偿还的长期负债 42

  15 一些重要的非流动负债项目的填列规则 42

  16 企业会计准则规定应单独列示的所有者权益类项目 43

  17 重要的所有者权益类项目的填列规则 45

第三章 知晓盈利情况，读利润表 46

一、从利润表结构了解企业收支情况 47

  01 牢记我国企业常用的多步式利润表结构 47

  02 了解单步式利润表 51

目录

  03 为什么利润表要分"本期金额"和"上期金额"栏 52

  04 企业会计准则规定应当单独列示的利润表项目 52

二、先从日常经营活动列报营业利润 53

  05 要知道企业的营业收入具体包括哪些 53

    实例分析 填列利润表中的"营业收入"项目 55

  06 哪些项目构成企业的营业成本 55

    实例分析 填列利润表中的"营业成本"项目 56

  07 如何填列"税金及附加"项目 57

    实例分析 填列利润表中的"税金及附加"项目 58

  08 如何才能正确填列"销售费用"项目 59

    实例分析 填列利润表中的"销售费用"项目 59

  09 "管理费用"和"研发费用"项目的填列 60

    实例分析 填列利润表中的"管理费用"和"研发费用"项目 61

  10 为什么"财务费用"的填列要区分利息费用和收入 62

    实例分析 填列利润表中的"财务费用"、"利息费用"和"利息收入"项目 63

  11 关于其他各收益类项目的填列规则 64

    实例分析 填列利润表中的其他各收益类项目 65

  12 简单计算填列"营业利润"项目 66

    实例分析 填列利润表中的"营业利润"项目 66

三、再考虑非日常经营活动收支形成利润总额 68

  13 企业有哪些收入项目属于营业外收入 68

    实例分析 填列利润表中的"营业外收入"项目 69

  14 企业哪些开支项目属于营业外支出 69

    实例分析 填列利润表中的"营业外支出"项目 70

  15 结合营业利润计算填列"利润总额"项目 71

    实例分析 填列利润表中的"利润总额"项目 71

四、最后列报所得税费用和净利润 ... 72

16 简单了解"所得税费用"项目的填列 ... 72
实例分析 填列利润表中的"所得税费用"项目 ... 73

17 结合利润总额计算填列"净利润"项目 ... 74
实例分析 填列利润表中的"净利润"项目 ... 74

18 了解利润表中的其他综合收益 ... 75

第四章 明确现金流向，查现金流量表 ... 77

一、现金流量表的"三宝" ... 78

01 熟悉现金流量表的常用格式 ... 78

02 如何算出企业的"期末现金及现金等价物余额" ... 80

二、企业经营活动产生的现金流 ... 81

03 哪些经营活动产生现金流入量 ... 81
实例分析 填列"销售商品、提供劳务收到的现金"项目 ... 82
实例分析 填列"收到的税费返还"项目 ... 83
实例分析 填列"收到其他与经营活动有关的现金"项目 ... 84

04 哪些经营活动产生现金流出量 ... 86
实例分析 填列"购买商品、接受劳务支付的现金"项目 ... 86
实例分析 填列"支付给职工以及为职工支付的现金"项目 ... 88
实例分析 填列"支付的各项税费"项目 ... 89
实例分析 填列"支付其他与经营活动有关的现金"项目 ... 90

05 计算填列经营活动产生的现金流量净额 ... 91
实例分析 填列"经营活动产生的现金流量净额"项目 ... 92

三、企业投资活动产生的现金流 ... 93

06 哪些投资活动产生现金流入量 ... 93
实例分析 填列"收回投资收到的现金"项目 ... 95

实例分析 填列"取得投资收益收到的现金"项目 96

实例分析 填列"处置固定资产、无形资产和其他长期资产收回的现金净额"项目 97

实例分析 填列"处置子公司及其他营业单位收到的现金净额"项目 98

实例分析 填列"收到其他与投资活动有关的现金"项目 99

07 哪些投资活动产生现金流出量 100

实例分析 填列"购建固定资产、无形资产和其他长期资产支付的现金"项目 101

实例分析 填列"投资支付的现金"项目 102

实例分析 填列"取得子公司及其他营业单位支付的现金净额"项目 104

实例分析 填列"支付其他与投资活动有关的现金"项目 105

08 计算填列投资活动产生的现金流量净额 107

实例分析 填列"投资活动产生的现金流量净额"项目 107

四、企业筹资活动产生的现金流 108

09 哪些筹资活动产生现金流入量 109

实例分析 填列"吸收投资收到的现金"项目 109

实例分析 填列"取得借款收到的现金"项目 110

实例分析 填列"收到其他与筹资活动有关的现金"项目 111

10 哪些筹资活动产生现金流出量 112

实例分析 填列"偿还债务支付的现金"项目 113

实例分析 填列"分配股利、利润或偿付利息支付的现金"项目 114

实例分析 填列"支付其他与筹资活动有关的现金"项目 114

11 计算填列筹资活动产生的现金流量净额 116

实例分析 填列"筹资活动产生的现金流量净额"项目 116

第五章 认清股东权益，阅所有者权益变动表 120

一、所有者权益变动表的"纵横"关系 121

01 了解标准的所有者权益变动表的格式 121

02 所有者权益变动表"纵""横"项目的关系 124

二、"横"向是所有者权益的归属 125

03 "本年金额"栏和"上年金额"栏都要填列吗 126

04 "实收资本（或股本）"项目要怎么填 127
实例分析 填列"实收资本（或股本）"项目 127

05 简单了解"其他权益工具"项目 128
实例分析 填列"其他权益工具"项目 129

06 "资本公积"项目数据怎么来的 130
实例分析 填列"资本公积"项目 131

07 什么是库存股和专项储备 132
实例分析 填列"库存股"和"专项储备"项目 132

08 "其他综合收益"项目怎么填 133
实例分析 填列"其他综合收益"项目 134

09 "盈余公积"和"未分配利润"的填列 134
实例分析 填列"盈余公积"和"未分配利润"项目 135

10 计算填列"所有者权益合计"项目 136

三、"纵"向是所有者权益的来源 139

11 "上年年末余额"项目需要誊抄 140
实例分析 填列"上年年末余额"项目 140

12 哪些属于企业的"会计政策变更" 141

13 哪些属于企业的"前期差错更正" 143

14 "本年年初余额"可能不等于"上年年末余额" 144
实例分析 填列"本年年初余额"项目 144

15 要列明企业本期引起所有者权益增减变动的金额 146

16 根据本年年初余额和本期增减变动金额填列本年年末余额 149
实例分析 填列"本年年末余额"项目 149

第六章　掌握财务细枝末节，观报表附注 ……………………… 152

一、附注是对主要财务报表的补充说明 …………………………… 153

　　01　会计准则规定报表附注应披露的几大板块 …………………… 153

　　02　了解需要在附注中披露的其他重点内容 ……………………… 154

二、熟悉各板块具体需披露的内容有哪些 ………………………… 155

　　03　企业的基本情况 ………………………………………………… 155

　　04　财务报表的编制基础 …………………………………………… 157

　　05　遵循企业会计准则的声明 ……………………………………… 157

　　06　重要会计政策和会计估计 ……………………………………… 158

　　07　报表重要项目的说明 …………………………………………… 160

　　08　其他需要说明的事项 …………………………………………… 163

　　09　有助于报表使用者对企业作出评价的信息 …………………… 164

第七章　学报表分析方法 ……………………………………………… 166

一、结合报表数据，分析企业的偿债能力 ………………………… 167

　　01　分析短期偿债能力，看企业是否能清偿短期债务 …………… 167

　　　　实例分析 借助财务指标评价企业的短期偿债能力 ………… 169

　　02　分析长期偿债能力，看企业是否能偿还长期债务 …………… 170

　　　　实例分析 借助财务指标评价企业的长期偿债能力 ………… 173

二、借助报表数据，分析企业的营运能力 ………………………… 174

　　03　从流动资产周转率看企业对资产的利用效率 ………………… 174

　　　　实例分析 借助流动资产周转率指标评价企业的营运能力 … 176

　　04　固定资产和总资产周转率看企业对资产的管理效率 ………… 177

　　　　实例分析 借助固定资产和总资产的周转率指标评价企业的营运能力 …… 178

三、使用报表数据，分析企业的盈利能力 ... 179

05 从资产的报酬率，看企业的盈利能力 ... 179
实例分析 借助资产的报酬率评价企业的盈利能力 ... 181

06 从经营利润率，看企业的盈利能力 ... 182
实例分析 借助各种经营利润率评价企业的盈利能力 ... 183

四、选用报表数据，分析企业的发展能力 ... 184

07 从资产的增长率，看企业的发展能力 ... 184
实例分析 借助资产的增长率评价企业的发展能力 ... 185

08 从经营获利增长率，看企业的发展能力 ... 186
实例分析 借助经营获利增长率评价企业的发展能力 ... 187

第一章　夯实财务报表编制基本功

作为企业的一名会计，你的工作可能不会涉及报表编制，但是，如果进入另一家企业，需要你做全盘账，此时对报表一窍不通的你又该怎么办呢？那就还是得学报表啊！然而报表编制算得上会计工作的最后一环，不仅重要，操作起来也相对困难，所以你需要先对财务报表有基本的认知。

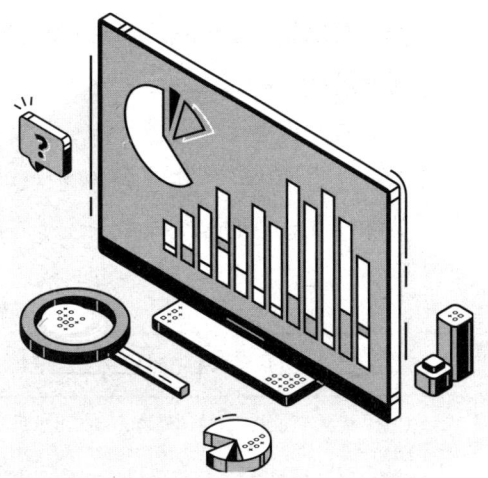

○ 学财务报表要知道的基础知识
○ 关于财务报表的其他须知

一、学财务报表要知道的基础知识

学习财务报表之前，你首先需要知道企业是基于什么环境需要编制财务报表，以及按照怎样的原则进行编制。编制财务报表并非像我们平时记流水账那样简单记录就可以了，它有特定的编制要求和规则。

01 什么是会计基本假设和会计基础

一张报表里面包含的数据信息是企业一整年的？还是好几年的？又或者仅一个月的？

报表中各数据的单位是用"元"还是"万元"？是用人民币还是其他外币？

如果企业经营不善导致破产，当期财务报表是不是按照正常经营时的编制方法进行编制？

为了使企业进行的会计确认、计量和报告工作规范且正确，我们需要牢记一些前提，也就是会计基本假设。

会计基本假设主要从时间和空间两个维度来概括企业会计确认、计量和报告的前提，具体包括四点：会计主体、持续经营、会计分期和货币计量。其中，会计主体的假设规定了企业会计确认、计量和报告的空间范围，而持续经营和会计分期这两点假设规定了企业会计确认、计量和报告的时间范围。至于货币计量，不需要深究其规定的是空间范围还是时间范围。

图1-1是对这四项基本假设的概述。

会计主体	持续经营	会计分期	货币计量
会计主体，指会计工作服务的特定对象。比如，一家企业、一个个体工商户、一家行政单位等。在会计主体假设下，企业应对其本身发生的交易或事项进行会计确认、计量和报告，反映企业本身从事的各项生产经营活动和其他相关活动	持续经营，指在可预见的未来，企业将会按照当前的规模和状态继续经营下去，不会停业或大规模削减业务。它是选择会计处理方法和原则的前提。在该假设下，企业会计确认、计量和报告应以企业持续、正常的生产经营活动为前提	会计分期，指将一个企业持续经营的生产经营活动划分为一个个连续的、长短相同的期间，这样便于分期结算账目和编制财务报告。在该假设下，企业应按期编报财务报告，及时向财务报告使用者提供有关企业财务状况和经营成果等信息	货币计量，指会计主体在会计确认、计量和报告时以货币计量，反映会计主体的生产经营活动。货币是商品的一般等价物，是衡量一般商品价值的共同尺度，选择货币进行确认、计量和报告，能全面、综合地反映企业生产经营情况

图1-1 会计的基本假设

在这样的前提下，企业就可以按规定编制财务报表了。那么，究竟该怎么编？是记录收到钱款的数据，还是即使没有收到钱但业务已经发生就需要将数据编入报表？这就需要明确编报表的会计基础，如图1-2所示。

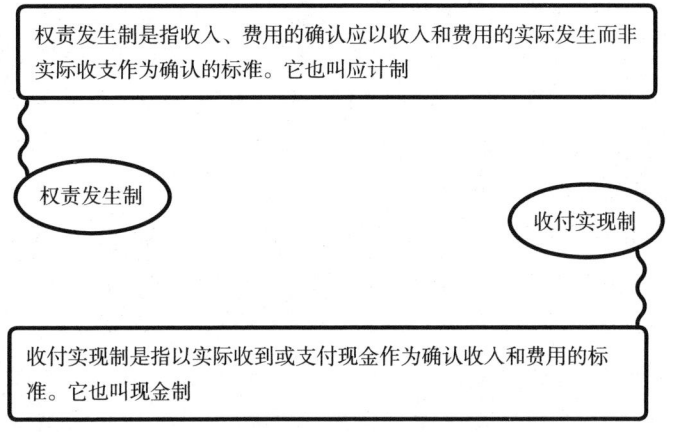

图1-2 报表的会计基础

在我国，一般企业和部分事业单位采用权责发生制进行会计确认、计量和报告；行政单位和部分经营事业单位采用收付实现制进行会计确认、计量和报告。

讲到这儿，你是否依然没感觉出两者的区别？下面通过案例来认识。

> **实例分析**
>
> **做账时权责发生制与收付实现制的对比**
>
> 某公司2×22年10月发生下列经济业务：
> ① 支付第四季度的房屋租金8 000.00元。
> ② 收到甲公司支付的上月购买产品的货款50 000.00元，该批产品已经在上月发货。
> ③ 向乙公司销售产品一批，货款共40 000.00元，货款已经在上月收到。
> ④ 收到丙公司支付的货款60 000.00元，该批产品将于下月发货。
> ⑤ 当月核算的应付税费共7 200.00元，尚未支付。
> ⑥ 用现金购买办公用品，花费350.00元。
> 如果采用权责发生制确认收入和费用，分析如下：

支付第四季度房屋租金，属于当期发生且当期支付的价款，8 000.00元应确认为10月的费用，需要在利润表中体现。同时，当月实际有8 000.00元支付出去，需减少银行存款或库存现金的账面余额，即资产负债表中需要体现银行存款或库存现金的减少。

收到上月甲公司购买产品的货款，但因为产品已经在上月发货，说明业务在上月已经发生，所以本月不确认这50 000.00元为收入，即当月利润表中不体现这50 000.00元的收入。但是，当月确实收到了钱款，所以需要在资产负债表中体现银行存款的增加。

向乙公司销售一批产品，当月发生的业务，虽然货款是上月收到的，但需要在当月确认收入40 000.00元，即当月利润表中需要体现40 000.00元的收入。

收到丙公司支付的货款，虽然当月收到钱款，但下月才发货，说明经济业务下月才发生，因此当月不确认收入，即当月利润表中不体现这笔60 000.00元的收入。

当月核算应付税费，属于当月发生的业务，要在资产负债表中体现流动负债"应交税费"，同时在利润表中体现"税金及附加"，但是因为税费是尚未支付，所以不需要在资产负债表中体现银行存款的减少。

当月用现金购买办公用品，属于当月发生且当月支付的价款，350.00元应确认为10月的管理费用，需要在利润表中体现。同时，当月实际有350.00元支付出去，需要在资产负债表中体现银行存款或库存现金的减少。

总的来说，按照权责发生制核算，10月该公司应确认的收入有第③笔业务的40 000.00元；当月应确认的费用有第①笔业务的8 000.00元、第⑤笔业务的7 200.00元以及第⑥笔业务的350.00元。而第②笔业务的50 000.00元应确认为上月（即9月）的收入；第④笔业务的60 000.00元应确认为下月（即11月）的收入。

如果采用收付实现制确认收入和费用，分析如下：

支付第四季度的房屋租金，当月实际付款，当月确认费用。收到甲公司购买产品货款50 000.00元，当月实际收款，当月确认收入。向乙公司销售一批产品，货款在上月收到，上月实际收款，上月确认收入。收到丙公司支付的货款，当月实际收款，当月确认收入。当月核算应付税费，当月未实际付款，当月不确认费用，下月实际支付时确认费用。用现金购买办公用品，当月实际付款，当月确认费用。

因此，按照收付实现制核算，10月该公司应确认的收入有第②、④笔业务的50 000.00元和60 000.00元；当月应确认的费用有第①、⑥笔业务的8 000.00元和350.00元。而第③笔业务的40 000.00元应确认为上月的收入，第⑤笔业务的72 000.00元应确认为下月的费用。

由此可见，公司按照权责发生制核算与按照收付实现制核算的结果差别很大。只有当公司当期发生的业务当期进行收支，权责发生制下的处理与收付实现制下的处理才会相同，比如该案例中的第①笔业务，都是在当月确认费用。

02 财务报表有哪些种类

企业经营需要编制的财务报表，按照不同的划分依据，会有不同种类。按照报表编制的时间划分，有月报、季报和年报，如图1-3所示。

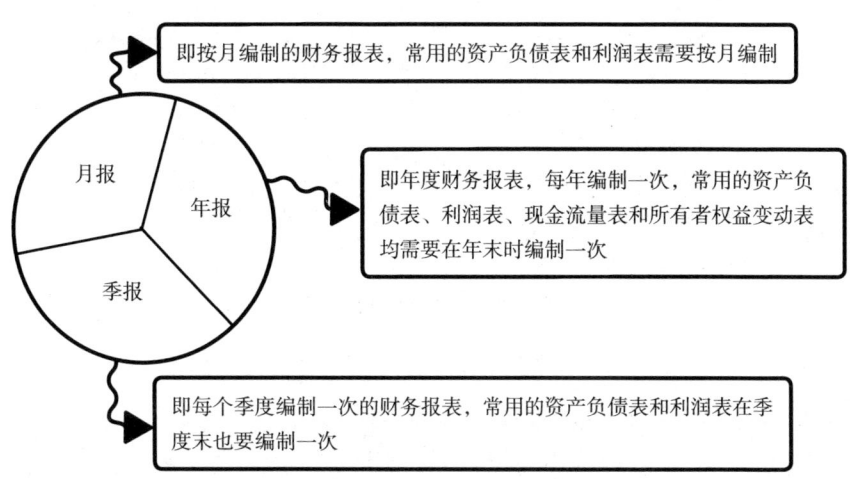

图1-3 按照编制时间划分报表类型

除此以外，按照报表编制时间不同，还会有半年报，即每半年编制一次的报表，常用的资产负债表和利润表都需要在半年末编制一次。月报、季报和半年报也被统称为中期财务报表。

按照报表编报单位不同进行划分，有基层财务报表和汇总财务报表，如图1-4所示。

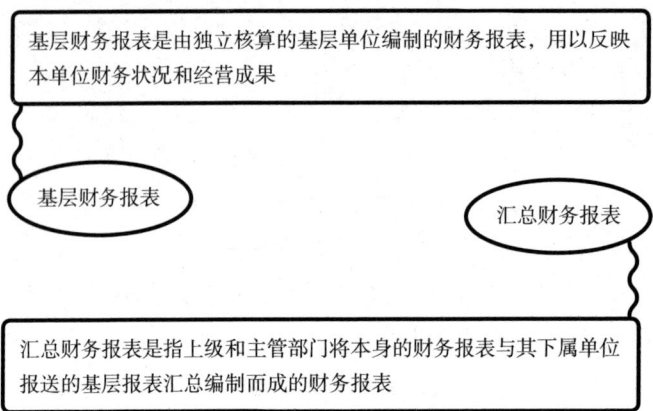

图 1-4　按照编报单位划分报表类型

按照编报的会计主体划分，有个别报表和合并报表，如图 1-5 所示。

图 1-5　按照编报的会计主体划分报表类型

按照企业资金运动形态的不同进行划分，有静态报表和动态报表两类。

静态报表：指某一时点的报表，如资产负债表。

动态报表：指某一时间段的报表，如利润表、现金流量表和所有者权益变动表。

按照财务报表的服务对象不同进行划分，有对外报表和内部报表之分，如图 1-6 所示。

按照报表提供的会计信息的重要性进行划分，有主表和附表，如图 1-7 所示。

主表与有关附表之间存在勾稽关系，主表反映企业的主要财务状况、经营成果和现金流量等，附表则对主表内容进一步补充说明。

对外报表	内部报表
对外报表是企业必须定期编制，定期向上级主管部门、投资者、财税部门和债权人等报送或按规定向社会公布的财务报表。它是一种主要的、定期的、规范化的财务报表，有统一的报表格式、指标体系和编制时间等。比如资产负债表、利润表和现金流量表等均属于对外报表	内部报表是企业根据其内部经营管理的需要而编制的，供自身内部管理人员使用的财务报表。它不要求统一格式，也没有统一的指标体系。比如企业自行编制的成本报表就属于内部报表

图 1-6　按照服务对象划分报表类型

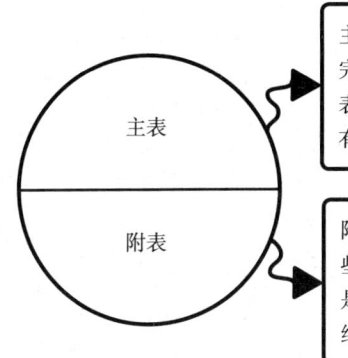

主表即主要财务报表，指所提供的会计信息比较全面、完整，能基本满足各种信息需要者的不同要求的财务报表。现行主表有资产负债表、利润表、现金流量表和所有者权益变动表

附表即从属报表，指对主表中不能或难以详细反映的一些重要信息所做的补充说明的报表。比如，利润分配表是利润表的附表；应交增值税明细表和资产减值准备明细表，是资产负债表的附表

图 1-7　按照会计信息的重要性划分报表类型

03 编制财务报表应遵循的法律法规和要求

企业编制财务报表，需要遵循相关法律法规和要求，这样才能规范财务报表的列报，保证同一企业不同期间和同一期间不同企业的财务报表相互可比。那么，究竟有哪些法律法规对财务报表的编制作了规定呢？

（1）中华人民共和国会计法

从《中华人民共和国会计法》（以下简称《会计法》）可知，与财务报表以及财务报告有关的规定包括但不限于图 1-8 的内容。

（2）企业会计准则

根据我国《企业会计准则第 30 号——财务报表列报》可知，与财务报表有关的规定包括但不限于图 1-9 的内容。

第九条　各单位必须根据实际发生的经济业务事项进行会计核算，填制会计凭证，登记会计账簿，编制财务会计报告……

第十三条　会计凭证、会计账簿、财务会计报告和其他会计资料，必须符合国家统一的会计制度的规定。使用电子计算机进行会计核算的，其软件及其生成的会计凭证、会计账簿、财务会计报告和其他会计资料，也必须符合国家统一的会计制度的规定。任何单位和个人……不得提供虚假的财务会计报告

第二十一条　财务会计报告应当由单位负责人和主管会计工作的负责人、会计机构负责人（会计主管人员）签名并盖章；设置总会计师的单位，还须由总会计师签名并盖章。单位负责人应当保证财务会计报告真实、完整

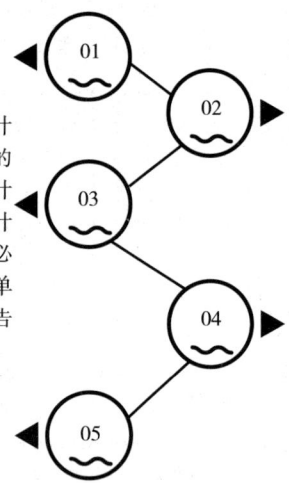

第十二条　……业务收支以人民币以外的货币为主的单位，可以选定其中一种货币作为记账本位币，但是编报的财务会计报告应当折算为人民币

第二十条　财务会计报告应当根据经过审核的会计账簿记录和有关资料编制，并符合本法和国家统一的会计制度关于财务会计报告的编制要求、提供对象和提供期限的规定；其他法律、行政法规另有规定的，从其规定。财务会计报告由会计报表、会计报表附注和财务情况说明书组成……

图 1-8　会计法对财务报表和财务报告的规定

第二条　财务报表是对企业财务状况、经营成果和现金流量的结构性表述。财务报表至少应当包括下列组成部分：（一）资产负债表；（二）利润表；（三）现金流量表；（四）所有者权益（或股东权益，下同）变动表；（五）附注。财务报表这些组成部分具有同等的重要程度

第四条　企业应当以持续经营为基础，根据实际发生的交易和事项，按照《企业会计准则——基本准则》和其他各项会计准则的规定进行确认和计量，在此基础上编制财务报表……如果按照各项会计准则规定披露的信息不足以让报表使用者了解特定交易或事项对企业财务状况和经营成果的影响时，企业还应当披露其他的必要信息

第六条　企业如有近期获利经营的历史且有财务资源支持，则通常表明以持续经营为基础编制财务报表是合理的。企业正式决定或被迫在当期或将在下一个会计期间进行清算或停止营业的，则表明以持续经营为基础编制财务报表不再合理。在这种情况下，企业应当采用其他基础编制财务报表，并在附注中声明财务报表未以持续经营为基础编制的事实、披露未以持续经营为基础编制的原因和财务报表的编制基础

第三条　本准则适用于个别财务报表和合并财务报表，以及年度财务报表和中期财务报表，《企业会计准则第32号——中期财务报告》另有规定的除外。合并财务报表的编制和列报，还应遵循《企业会计准则第33号——合并财务报表》；现金流量表的编制和列报，还应遵循《企业会计准则第31号——现金流量表》；其他会计准则的特殊列报要求，适用其他相关会计准则

第五条　在编制财务报表的过程中，企业管理层应当利用所有可获得信息来评价企业自报告期末起至少 12 个月的持续经营能力……

第九条　性质或功能不同的项目，应当在财务报表中单独列报，但不具有重要性的项目除外。性质或功能类似的项目，其所属类别具有重要性的，应当按其类别在财务报表中单独列报。某些项目的重要性程度不足以在资产负债表、利润表、现金流量表或所有者权益变动表单独列示，但对附注却具有重要性，则应当在附注中单独披露

图 1-9　企业会计准则对财务报表列报的规定

（3）财务报表的编制要求

在会计法和会计准则中一条一条找关于财务报表的编报规定，实在是太麻烦了，有没有更明确的编制要求供参考呢？有的，笔者主要从五个方面总结了编制要求，见表1-1。

表1-1　财务报表的编制要求

要　求	说　明
数字真实	财务报表中的各项数据反映企业的财务状况、经营成果和现金流量情况，所以数字必须真实可靠，不得提供虚假的数据信息
内容完整	财务报表需要反映企业经济活动的全貌，包括经营状况、经营成果和现金流量情况，因此，内容必须完整，不得漏报项目，更不得漏报财务报表，所有应该披露在财务报表中的信息都必须披露出来
计算准确	财务报表的形成，依靠丰富且复杂的数据分析计算编制而来。因为财务报表的使用者不仅包括企业的领导者、管理者，还有其他相关利益方，所以报表中的数据计算一定要准确，从而保证数据真实可靠。具体要求财会人员必须以核对无误的会计账簿和其他相关资料为依据编制财务报表，不能估计或推算数据，更不能玩数字游戏，不能以任何方式弄虚作假、隐瞒谎报
报送及时	会计信息质量中的一项要求为及时性，这就使得财务报表也具有明显的时效性。财务报表的信息只有及时传递给报表使用者，才能发挥其重要作用，才能为决策者提供依据。如果财务报表报送不及时，即使报表数据真实可靠、内容完整正确，对报表使用者来说也错过了最佳使用时机，大大降低了财务报表信息的使用价值
手续完备	经过完备、齐全的手续形成的财务报表才能真正做到合法、合规且正确。比如，企业对外提供的财务报表必须加具封面，还要装订成册，更重要的是要加盖单位公章，企业负责人、财务负责人和总会计师等责任人必须在财务报表和财务报告上签章，以示负责；封面上需要注明企业名称、统一社会信用代码、组织形式、地址、报表所属年度或月份，以及报表出具日期等

04　企业常用的几张财务报表

在我国，企业常用的几张财务报表包括资产负债表、利润表、现金流量表和所有者权益变动表，如图1-10所示。

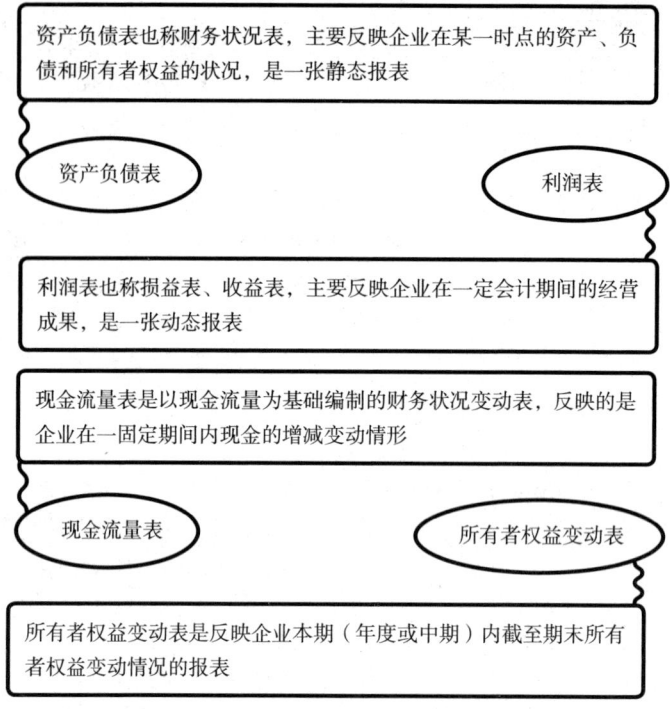

图 1-10　常见的财务报表

05 编制报表会用到的会计恒等式

在这些常见的财务报表中，企业在编制资产负债表和利润表时会涉及相关会计恒等式。通过会计恒等式，也能衡量报表的编制是否正确。

在编制资产负债表时，用到的会计恒等式如下所示：

$$资产 = 负债 + 所有者权益$$

针对同一项经济业务或事项，该会计恒等式的运用情况见表 1-2。

表 1-2　资产负债表会计恒等式的运用

恒等式中要素的变动情况		举　　例
资产不变	负债增加　所有者权益等额减少	该业务使财务状况等式左右两边的金额保持不变。实务中，这种情况比较少见
	负债减少　所有者权益等额增加	该业务使财务状况等式左右两边的金额保持不变。例如，将欠供应商的货款（应付账款）转为供应商在本企业的股份

续上表

恒等式中要素的变动情况			举 例
资产不变	负债增加 另一项负债等额减少	所有者权益不变	该业务使财务状况等式左右两边的金额保持不变。例如，企业前期向供应商开具的应付票据，到期无法偿付，转为应付账款
	负债不变	所有者权益增加，另一项所有者权益等额减少	该业务使财务状况等式左右两边的金额保持不变。例如，用盈余公积转增资本
资产减少，另一项资产等额增加	负债不变	所有者权益不变	该业务使财务状况等式左右两边的金额保持不变。例如，用银行存款购置固定资产
资产增加	负债等额增加	所有者权益不变	该业务使财务状况等式左右两边的金额等额增加。例如，向银行借短期借款存入企业银行账户
	负债不变	所有者权益等额增加	该业务使财务状况等式左右两边的金额等额增加。例如，企业接受投资者投入的现金、固定资产或无形资产
资产减少	负债等额减少	所有者权益不变	该业务使财务状况等式左右两边的金额等额减少。例如，企业用银行存款偿还短期借款，或用银行存款缴纳应交税费
资产减少	负债不变	所有者权益等额减少	该业务使财务状况等式左右两边的金额等额减少。例如，企业的投资者从企业撤出资金

在编制利润表时，用到的会计恒等式如下所示：

$$收入-费用=利润$$

该会计恒等式主要反映企业收入、费用以及利润三者之间的关系。运用该等式，再借助多步式利润表，企业就可以核算出营业利润、利润总额和净利润等利润项目，掌握企业利润的主要来源。

二、关于财务报表的其他须知

可能还是有人会说，知道了报表的类型有什么用，工作时还是不知道如何才能提高阅读报表的效率，或者说依然不知道怎么才能正确阅读财务报表。确实，知道理论和可以上岗工作是两码事，那么，接下来我们就从实际工作角度看财务报表。

06 掌握阅读财务报表的小技巧

如果你是企业的负责人，你需要读懂财务报表。

如果你是企业的债权人，你也需要读懂财务报表，以了解企业的财务状况，避免借给企业的钱收不回来。

如果你是企业的投资人，你更需要读懂财务报表，掌握企业的财务状况、经营成果、现金流量和所有者权益变动情况，看看自己的投资是否增值，是否能获得一定的投资收益。

如果你是企业的财会人员，你一定要具备读懂财务报表的能力，因为这对你提升工作效率有很大帮助。

那么，要如何才能掌握报表的阅读要领呢？下面介绍一些小技巧，如图1-11所示。

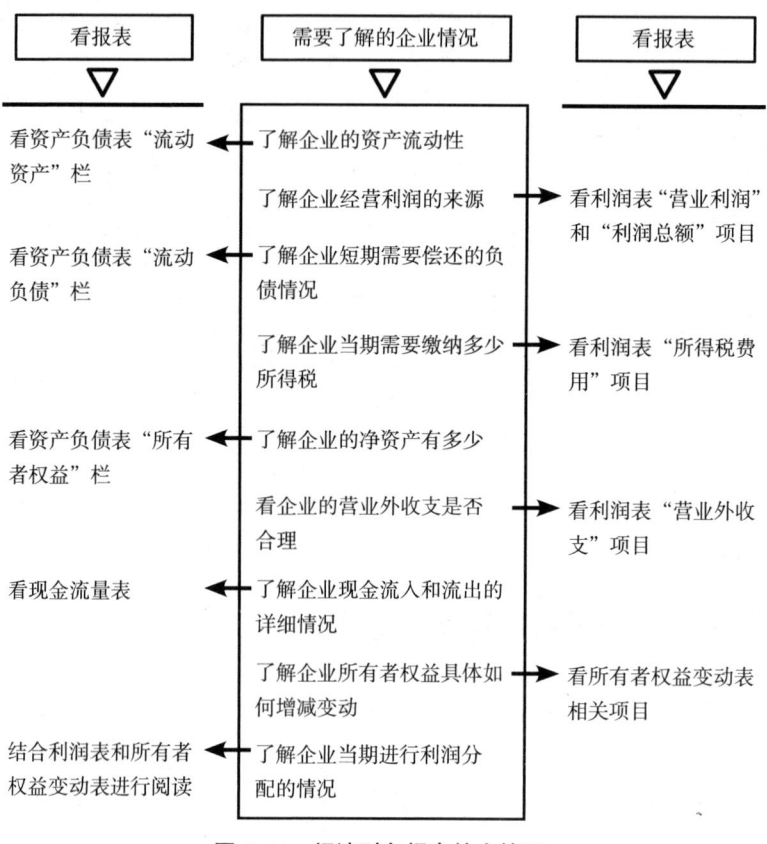

图1-11 阅读财务报表的小技巧

概括地说，想要从财务报表中快速获取想要的信息，就需要有针对性地阅读相关项目内容。除此以外，报表使用者想要快速读懂财务报表，还可以先看注册会计师出具的审计报告。

⑦ 学会看财务报表可以带来哪些好处

很多报表使用者，甚至企业的财会人员不重视财务报表的阅读和使用，最直接的原因是大家都没有清楚地认识到学会看报表可以带来的好处。

那么，学会看报表究竟有哪些好处呢？

有利于经营管理者了解本企业各项任务指标的完成情况

财务报表是系统揭示企业在某一时点财务状况，以及在某一期间内经营成果和现金流量情况的表格。经营管理者学会看财务报表，就可以从报表数据中了解本企业当期各项任务指标的完成情况，从而更准确地评价管理人员的经营业绩，同时，有利于管理者及时发现企业经营过程中存在的问题，进而调整经营方向和策略，制定有效措施以改善企业的经营管理水平，提高经济效益。

由此可见，财务报表为经营管理者提供了经营决策和预测的依据。

有利于投资者作出正确的投资决策

无论是投资者还是企业的债权人，都希望资金投入的是一家经营良好的企业，这样才能降低投资或借款的风险。而如何知道某企业的经营是否良好呢？最直接的方法就是查看企业的财务报表，它可以帮助投资者、债权人，甚至其他有关各方了解企业的财务状况、经营成果和现金流量情况，从而分析出企业的偿债能力、盈利能力和发展能力等，为投资者作出正确的投资决策提供依据，也为债权人作出正确的借债举措提供依据。

有利于主管部门了解企业是否规范化经营

对于财政、税务和审计等主管部门，在对企业包括财务报表在内的会计资料进行检查的过程中，检查企业是否有违反法律规定的行为，是否存在偷税漏税行为，以此监督企业的经营管理，看企业的经营活动是否规范。

有利于财会人员切实掌握国家的方针政策

企业编制财务报表，需要根据相关会计制度的规定和方针政策的说明进行编制。因此，财务报表的形成，一方面体现了经营数据的核算、汇总和整理，另一方面也反映了企业遵从的国家方针政策。

学会看财务报表，财会人员就能从中得知与财税相关的法律、法规和政策的具体规定和实施要点，帮助财会人员更快地读懂国家的方针政策。

08 要知道财务报表编制处于会计工作哪个环节

要想知道财务报表的编制工作处于会计工作的哪个环节，我们需要从整体了解会计工作的内容和流程，大致如图1-12所示。

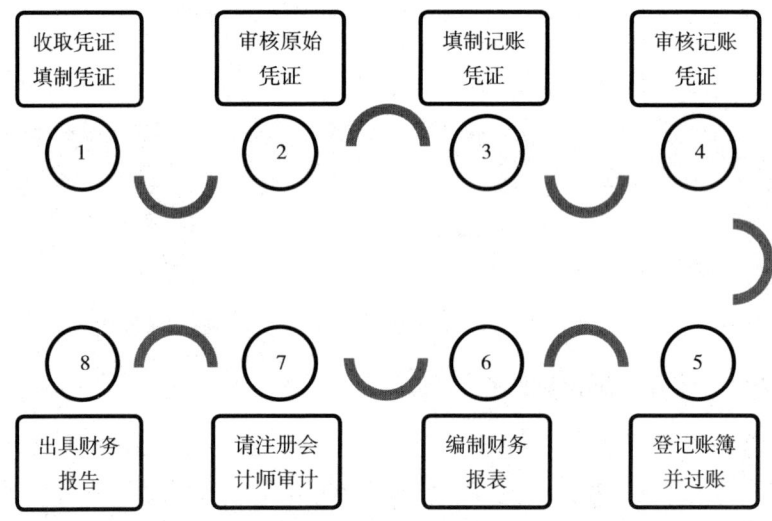

图1-12　财务报表编制在会计工作中所处的环节

从图1-12中可以看出，企业编制财务报表的工作处于整个会计工作的中后段，在登记账簿之后，在出具财务报告之前。

财务报表的编制，不仅是对经济数据的汇总和前期工作的总结，也是后续工作顺利开展不可或缺的基础。

09 编制财务报告绝不能忽略附注

财务报表附注是对资产负债表、利润表、现金流量表和所有者权益变动表等报表中列示项目的文字描述或明细资料，以及对未能在这些报表中列示项目的具体说明和补充。

财务报表附注的存在，可以使报表使用者更全面地了解企业的财务状况、经营成果和现金流量。

因此，我们在学财务报表时，绝不能忽视报表附注。

财务报表附注中包含的内容非常重要，具体有哪些，我们将在本书的第六章详讲。

这里，我们就先从其特征开始，慢慢了解财务报表附注。其特征如图 1-13 所示。

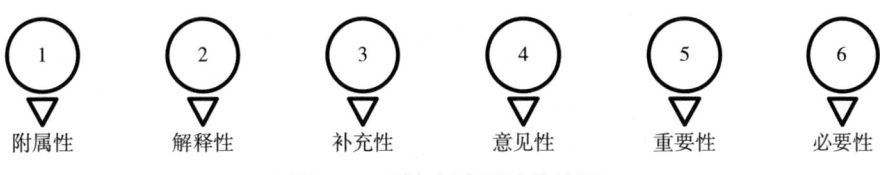

图 1-13　财务报表附注的特征

如何理解它的这些特征呢？

附属性：财务报表与附注之间存在一个主次关系，财务报表为主，是根本；附注为次，处于从属地位。没有财务报表，附注就会失去依据，其功能也就无处发挥。当然，如果没有附注进行延伸和说明，财务报表的功能也无法有效实现。两者相辅相成，缺一不可。

解释性：财务报表项目是被高度浓缩的会计信息，再加上经济业务的复杂性和企业编制财务报表时可能选择不同的会计政策，因此，企业需要通过财务报表附注解释说明报表的编制基础、编制依据、编制原则、编制方法和主要事项，以此提高会计信息的可理解性，同时使不同企业的会计信息具有可比性，便于对比分析。

补充性：财务报表附注不仅能对财务报表中浓缩的项目进行解释说明，还拓展了企业会计信息的内容，从而能全面反映企业面临的机会和风险，将企业价值充分体现出来，保证会计信息的完整性，从而弥补财务报表信息不足的缺点，有助于报表使用者作出最佳决策。

意见性：财务报表附注除了解释和补充说明财务报表的内容外，还可以对财务报表加以分析、评价，并针对性地提出一些改进工作的意见和措施。比如，通过市场占有率和投入产出等信息，管理者可了解企业在同行业中的竞争地位，发现自己的优势和不足，从而采取有效的措施改进工作，提高生产效率和产品质量，扩大产品的市场占有率。

重要性：财务报表附注的重要性主要体现在图 1-14 中的三个方面。

提高会计信息的相关性和可靠性。借助财务报表附注进行披露，可以在不降低会计信息可靠性的前提下提高信息的相关性。比如，或有事项由于发生的不确定性而不能直接在主表中进行确认，但等到完全可靠或基本能预期时，又可能因为及时性的丧失而损害信息的相关性，因此，通过报表附注进行披露，就可兼顾可靠性和相关性

增强不同行业和行业内不同企业之间会计信息的可比性。会计信息由多种因素综合促成，经济环境的不确定性，不同行业的不同特点，以及各企业前后各期情况的变化，都会降低不同企业之间会计信息的可比性和企业前后各期会计信息的一贯性。借助财务报表附注披露企业的会计政策和会计估计变更等情况，就可以使报表使用者看透会计方法的实质，不被会计方法误导

与各财务报表的主表存在不可分割性

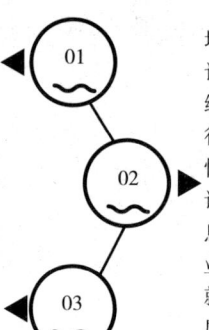

图 1-14 财务报表附注的重要性

必要性：财务报表附注的必要性体现在四个方面，如图 1-15 所示。

1 使用者更全面了解企业状况的要求

会计信息应全面充分地反映企业的财务状况、经营成果和现金流量，不得有意忽略或隐瞒重要的财务数据。但是，会计信息的使用者与企业之间存在信息不对称，想要充分了解企业，就必须依赖于企业提供的各项会计资料。这样一来就对披露的充分性有了较高的要求，从横向看，只要是反映企业生产经营全貌的信息，无论有利与否，都应予以披露；从纵向看，披露的信息不应只停留在披露对象的表面，还应进行深层次的揭示。综合这些要求，财务报表主表无法实现，所以有必要通过报表附注进行相应的信息披露

2 缓解财务报表信息披露的压力

会计信息的需求方总是希望企业提供尽可能多的信息，以便他们据以作出各项正确的决策，这就给财务报表披露信息增加了不小的压力。但是，报表信息披露有一定的局限，过多披露可能适得其反，比如造成使用者无所适从，无法快速获取重要的会计信息，从而造成使用者的误解。因此，有必要通过报表附注将那些不符合成本效益原则和重要性原则的会计信息进行披露，一方面缓解财务报表主表的信息披露压力，另一方面也可以解决企业和使用者之间对于信息提供和需求的矛盾与冲突

 财务报表附注的必要性

由于财务报表具有固定格式、项目和填列方法，因此使得表内信息并不能完整地反映一个企业的综合素质。比如，由于财务会计在确认计量上有严格的标准，使一些与决策相关的信息不能计入财务报表，而忽视它们的存在又会影响使用者作出正确决策。因此，有必要通过尚无统一规范的财务报表附注，将那些无法进入主表内的信息加以适当披露，使会计信息的披露更灵活

增强财务报告体系的灵活性

会计标准的制定往往落后于会计实务的发展，原有的财务报表模式也存在过时的可能性。为了满足报表使用者对决策有用信息的需求，企业就需要不断地完善报表的内容和体系，而这主要依靠新会计制度和会计准则的出台予以重新规范和指导，但这一过程往往漫长，且不利于保证财务信息的一贯性和可靠性。因此，有必要通过财务报表附注和其他报告形式，增加表外信息披露内容，确保在保持原有报告模式的基础上对报告内容进行完善和改进

满足保持原有报告模式的需要

图 1-15 财务报表附注的必要性

⑩ 要明确财务报表的存在是为谁服务

谁会看报表？报表对谁来说是有用的？企业编制的财务报表究竟有谁会关心？这就不得不提到财务报表的服务对象了。

（1）企业

企业作为财务报表的编制主体，必然是需要财务报表的。这里所说的"企业"，包括一般的营利性企业、公司，也包括事业单位和集体经济组织等。

企业通过编制财务报表，不仅是对经营情况的总结，也是想要借助财务报表做好未来经营决策，这一过程中，财务报表起到提供依据的作用。

（2）股东（所有者）和债权人

股东是股份制企业的出资人或投资人，按照其出资数额（股东另有约定的除外），享有分享收益、重大决策和选择管理者等权利。而非股份制企业（合伙企业和个人独资企业除外）的出资人或投资人，就是企业的所有者，也是按照企业章程等规定享有相应的权利。

这些人作为企业的主要投资者和决策者，投资组建企业的目的就是盈利，所以需要通过财务报表了解企业的经营状况，进而判断自己的投资是否获利，从而改变经营策略，促进企业后续发展，以期获得更多经营收益。

另外，企业举债形成的债权人，以及占用供应商资金采购物资形成的债权人，由于最终需要从企业获得其应收资金，因此需要关注企业的经营情况，看企业是否有能力偿还借款或偿付货款。那么要怎么才能知道企业是否有能力偿还和偿付呢？此时财务报表就很重要了。所以，企业的债权人也是财务报表的服务对象。

（3）客户

为什么客户也是财务报表的服务对象呢？

客户是购买企业商品或服务的人，作为采购方，他们也担心自己所购货物或服务质量不好，或者付了货款以后销售方卷款跑了。因此，他们在寻找销售方进行合作之前，总是会考察销售方的经营情况以及信誉好坏，而最直接的手段就是查看销售方的财务报表。通过财务报表，可以知道公司的偿债能力、盈利能力、营运能力和发展能力，从而判断企业供货是否有保障，是否存在负债跑路的风险等。

(4) 大众投资者

企业在经营过程中如果发展得好，很可能吸引新的投资者向企业投资。但这些大众投资者也不是"冤大头"，在打算向某家企业投资时，必然需要清楚了解企业的经营情况和发展能力，选择可以为他们赚取投资收益的企业进行投资。

为此，大众投资者们需要借助财务报表评价企业的财务状况和经营成果，预测公司未来的报酬和风险，考核企业经营管理人员的业绩等。

(5) 财政、税务等主管部门

财政、税务和审计等主管部门是企业经营过程中的监管部门，企业按照这些部门发布的政策、规定，完成财会工作，编制财务报表。同时，这些部门通过财务报表，可以了解企业的经营是否合规、是否获利、是否存在偷税漏税等违法行为，是监管企业的重要工具。

第二章　了解资本结构，看资产负债表

企业资金是否雄厚？有多少固定资产？有多少现金可以用？有没有正在建造的工程？有多少债务需要偿还？近期需要偿还的负债有多少？企业的所有者享有的净资产有多少？这些都是了解企业资本结构的重点，我们需要借助资产负债表来看。

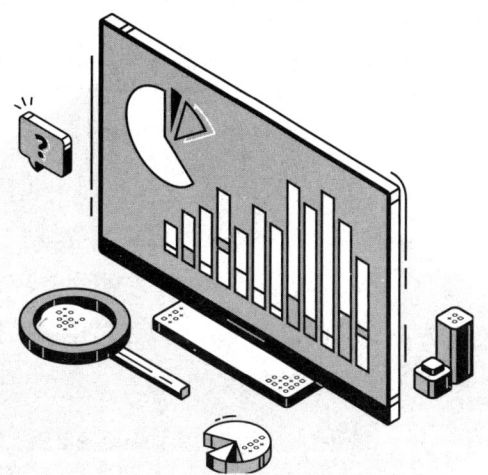

- 资产负债表的大致结构
- 掌握企业的资产构成很重要
- 负债与所有者权益类项目也不能忽视

一、资产负债表的大致结构

要想轻松学资产负债表,你可以从其大致结构入手,先了解其结构,再深入其内容。从大致结构掌握资产负债表的大致内容,由浅入深,相信你就不会觉得学报表难了。

01 我国企业常用的账户式资产负债表

作为一张报表,资产负债表有其固有的两个结构,即表首和正表,其包含的内容和作用如图 2-1 所示。

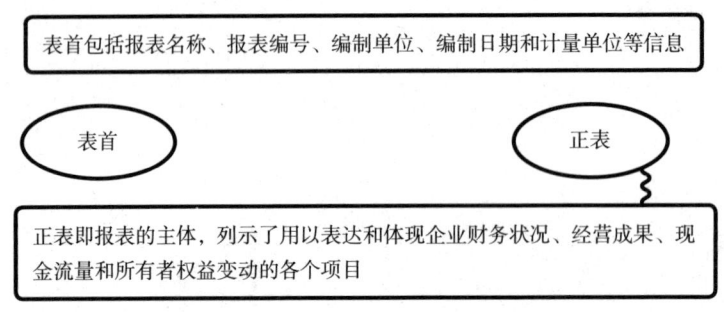

图 2-1 资产负债表的结构

对于资产负债表来说,我国企业常用的是账户式,即按照"资产 = 负债 + 所有者权益"的会计恒等式,将企业符合会计核算原则的资产、负债和所有者权益区分为报表的两大区域,左侧为资产类项目,右侧为负债及所有者权益类项目,为左右结构的报表。表 2-1 为适用于已执行新金融准则、新收入准则和新租赁准则的资产负债表样式。

表 2-1 适用于已执行新金融准则、新收入准则和新租赁准则的资产负债表

资产负债表

会企 01 表

编制单位: 年 月 日 单位:元

资产	期末余额	上年年末余额	负债和所有者权益（或股东权益）	期末余额	上年年末余额
流动资产:			流动负债:		
货币资金			短期借款		

续上表

资　产	期末余额	上年年末余额	负债和所有者权益（或股东权益）	期末余额	上年年末余额
交易性金融资产			交易性金融负债		
衍生金融资产			衍生金融负债		
应收票据			应付票据		
应收账款			应付账款		
应收款项融资			预收款项		
预付款项			合同负债		
其他应收款			应付职工薪酬		
存货			应交税费		
合同资产			其他应付款		
持有待售资产			持有待售负债		
一年内到期的非流动资产			一年内到期的非流动负债		
其他流动资产			其他流动负债		
流动资产合计			流动负债合计		
非流动资产：			非流动负债：		
债权投资			长期借款		
其他债权投资			应付债券		
长期应收款			其中：优先股		
长期股权投资			永续债		
其他权益工具投资			租赁负债		
其他非流动金融资产			长期应付款		
投资性房地产			预计负债		
固定资产			递延收益		
在建工程			递延所得税负债		
生产性生物资产			其他非流动负债		
油气资产			非流动负债合计		
使用权资产			负债合计		

续上表

资　　产	期末余额	上年年末余额	负债和所有者权益（或股东权益）	期末余额	上年年末余额
无形资产			所有者权益（或股东权益）		
开发支出			实收资本（或股本）		
商誉			其他权益工具		
长期待摊费用			其中：优先股		
递延所得税资产			永续债		
使用权资产			负债合计		
其他非流动资产			资本公积		
非流动资产合计			减：库存股		
			其他综合收益		
			专项储备		
			盈余公积		
			未分配利润		
			所有者权益（或股东权益）合计		
资产总计			负债和所有者权益（或股东权益）总计		

单位负责人：　　　　　财务主管：　　　　　制表人：

可以看到，左侧的资产类项目根据会计准则的规定，按照流动性大小依次排列，流动性大的资产排列在前，如货币资金、应收账款等项目；流动性小的资产排列在后，如债权投资、长期股权投资、固定资产和无形资产等项目。

右侧的负债及所有者权益类项目根据会计准则的规定，负债列示在前，所有者权益列示在后。而负债类项目又按照清偿时间的长短进行排列，如短期借款、应付账款等需要在一年以内偿还的流动负债列示在前；长期借款、应付债券和长期应付款等超过一年时间才需要偿还的非流动负债列示在后。紧接着列示所有者权益类项目，通常按照实收资本、资本公积、盈余公积、未分配利润的顺序排列。

另外，账户式资产负债表中，每个项目又需要填列两栏数据，即"期末余额"栏和"上年年末余额"栏（有时也写成"年初余额"栏）。

注意，账户式资产负债表的左右侧"总计"数应相等，即"资产总计"等于

"负债及所有者权益总计"。

账户式资产负债表可以一目了然地反映资产、负债和所有者权益之间的内在关系。

企业经过记账凭证的编制、会计各分类账的对账以及会计损益类科目的结转和分类科目的试算平衡等程序后，以特定日期的企业静态经营状况为基准，将企业的财务状况集中体现在资产负债表这一张表格中。

而将资产负债表划分为账户式和报告式，主要是因为正表的不同格式。

实务中，还有一些企业尚未执行新金融准则、新收入准则和新租赁准则，它们适用的账户式资产负债表的样式与表 2-1 所示的相似，只是正表中有部分项目不同，具体可登录中华人民共和国财政部官网查看。

02 对报告式资产负债表也要有简单了解

虽然我国企业不常用报告式资产负债表，但为了更好地比较其与账户式资产负债表的区别，我们还是应该对其有所了解。

报告式资产负债表也称垂直式资产负债表，是上下结构的报表，简易结构如图 2-2 所示。

资产负债表

编制单位： 年 月 日 单位：元

资产	
流动资产	×××
长期股权投资	×××
固定资产	×××
无形资产	×××
……	
其他资产	×××
资产合计	×××
权益	×××
负债	
流动负债	×××
长期负债	×××
……	
其他负债	×××
负债合计	×××
所有者权益	
实收资本	×××
资本公积	×××
盈余公积	×××
未分配利润	×××
所有者权益合计	×××
权益合计	×××

资产负债表

编制单位： 年 月 日 单位：元

资产	
流动资产	×××
长期股权投资	×××
固定资产	×××
无形资产	×××
……	
其他资产	×××
资产合计	×××
减：负债	
流动负债	×××
长期负债	×××
……	
其他负债	×××
负债合计	×××
所有者权益	
实收资本	×××
资本公积	×××
盈余公积	×××
未分配利润	×××
所有者权益合计	×××

图 2-2 报告式资产负债表的简易结构

报告式资产负债表有两种排列方式。图2-3左图按照"资产＝负债＋所有者权益"的原理排列；图2-3右图按照"资产－负债＝所有者权益"的原理排列。报告式资产负债表的显著优点是方便进行报表项目比较。

⑬ 从资产负债表看试算平衡

什么是试算平衡？它是一种方法，即根据借贷记账法的记账规则和资产与权益（负债和所有者权益）的恒等关系，通过对所有账户的发生额和余额的汇总计算和比较，来检查账户记录是否正确。

单从试算平衡来讲，它分为两类：发生额试算平衡、余额试算平衡，如图2-3所示。

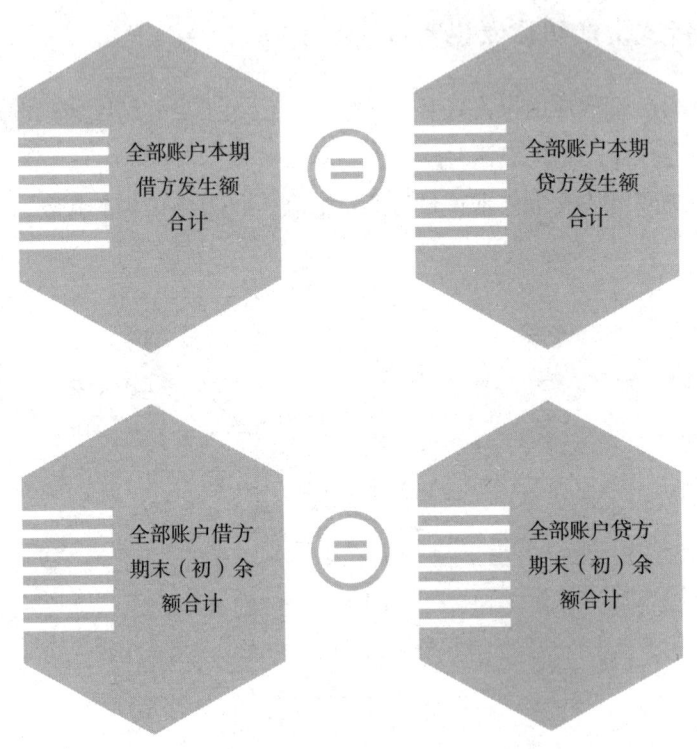

图2-3　试算平衡的两种类型

其中，发生额试算平衡的直接依据是借贷记账法的记账规则"有借必有贷，借贷必相等"。余额试算平衡的直接依据是财务状况恒等式"资产＝负债＋所有者权益"。由此可见，余额试算平衡与财务报表数据直接相关。

通过"全部账户借方期末(初)余额合计=全部账户贷方期末(初)余额合计"这一余额试算平衡公式，我们可以检查资产负债表的填列是否正确，具体介绍如下所示：

资产合计"期末余额"=负债及所有者权益合计"期末余额"

资产合计"期初余额"=负债及所有者权益合计"期初余额"

这两个公式也没有涉及"借""贷"，为什么说是通过余额试算平衡公式检查资产负债表的填列是否正确呢？这是因为，资产类项目的余额通常在借方，而负债和所有者权益类项目的余额通常在贷方，这就有了上述两个平衡公式。

下面通过一个案例来更好地理解。

实例分析

资产负债表中的余额平衡

表2-2是某公司2×22年12月底编制的资产负债表。

表2-2 某公司2×22年12月资产负债表

资产负债表

会企01表

编制单位：××公司　　2×22年12月　　　　　　　　　　　　单位：元

资产	期末余额	上年年末余额	负债和所有者权益（或股东权益）	期末余额	上年年末余额
流动资产：			流动负债：		
货币资金	307 816.65	1 417 596.51	短期借款	—	—
衍生金融资产	—	—	衍生金融负债		
应收票据	—	—	应付票据		
应收账款	7 805.33		应付账款	576 632.67	50 000.00
预付款项	552 000.00		预收款项	69 258.86	1 000.00
其他应收款	18 906.73	—	应付职工薪酬	22 458.36	
存货	1 310 132.53		应交税费	-142 910.99	-30 222.22
持有待售资产	—		其他应付款	9 410 686.19	-3 001.99
一年内到期的非流动资产	—		持有待售负债	—	—

续上表

资产	期末余额	上年年末余额	负债和所有者权益（或股东权益）	期末余额	上年年末余额
其他流动资产	—	—	一年内到期的非流动负债	—	—
			其他流动负债	—	—
流动资产合计	2 196 661.24	1 417 596.51	流动负债合计	9 936 125.09	17 775.79
非流动资产：			非流动负债：		
可供出售金融资产	—	—	长期借款	—	—
持有至到期投资	—	—	应付债券	—	—
长期应收款	—	—	长期应付款	—	—
长期股权投资	—	—	预计负债	—	—
投资性房地产	—	—	递延收益	—	—
固定资产	1 788 249.50	167 224.84	递延所得税负债	—	—
在建工程	24635.34	1 233 677.78	其他非流动负债	—	—
生产性生物资产	—	—	非流动负债合计	—	—
油气资产	—	—	负债合计	9 936 125.09	17 775.79
无形资产	8 211 280.00	—	所有者权益（或股东权益）：		
开发支出	—	—	实收资本（或股本）	3 000 000.00	3 000 000.00
商誉	—	—	其他权益工具	—	—
长期待摊费用	90 383.22	—	资本公积	—	—
递延所得税资产	—	—	其他综合收益	—	—
其他非流动资产	—	—	盈余公积	—	—
			未分配利润	-624 915.79	-199 276.66
非流动资产合计	10 114 548.06	1 400 902.62	所有者权益合计	2 375 084.21	2 800 723.34
资产总计	12 311 209.30	2 818 499.13	负债和所有者权益总计	12 311 209.30	2 818 499.13

从表 2-2 可以看到，该公司资产负债表的资产合计"期末余额"与负债及所有者权益合计"期末余额"相等，均为 12 311 209.30 元。同时，资产合计"期初余额"与负债及所有者权益合计"期初余额"相等，均为 2 818 499.13 元。这表明余额试算平衡。

资产类项目的本期发生额合计数为 9 492 710.17 元（12 311 209.30-2 818 499.13），负债及所有者权益类项目的本期发生额合计 9 492 710.17 元（12 311 209.30-2 818 499.13），也相等。这表明发生额试算平衡。

该资产负债表的填列应该没有问题。

为什么这里说"应该"而不是"一定"呢？这就涉及一些无法反映在资产负债表中的错账了，这里不作详述，知道有这么回事就行了。

实际上，所有账户的本期发生额，就等于各账户期末余额减去期初余额得出的差额。因此，如果全部账户借方期末余额合计等于全部账户贷方期末余额合计，同时全部账户借方期初余额合计等于全部账户贷方期初余额合计，那么就可以推导出全部账户本期借方发生额合计等于全部账户本期贷方发生额合计，即发生额试算平衡公式。

这就是资产负债表中隐含的试算平衡原理。

04 阅读资产负债表的五个要点

说了这么多，究竟该如何去阅读资产负债表呢？首先我们从整体角度掌握阅读资产负债表的五个要点，如图 2-4 所示。

①	②	③	④	⑤
▽	▽	▽	▽	▽
整体把握	分类分析	重点关注	异常预警	后续考察

图 2-4 资产负债表的五个阅读要点

报表使用者可以借助表 2-3 的内容更好地理解这五个要点。

表 2-3　阅读资产负债表的五个要点

要　点	说　明
整体把握	先从宏观层面对资产负债表有一个清晰的认识，整体把握企业的经营状况，为分析报表中各具体项目奠定基础，这样有助于先从大局观分析报表中数据的真实性和合理性，从而便于后续进行微观层面分析
分类分析	资产负债表对各个项目的展现很具体，报表使用者可以分类别进行相关项目分析，如分析资产类项目、负债类项目或所有者权益类项目，接下来可以更细分，如分析流动资产项目、非流动资产项目等
重点关注	阅读资产负债表不能太宽泛，应重点关注表中的重要项目，快速抓住报表中的重点数据，尤其是与企业经营发展密切相关的项目。通过观察重点项目的变化，可以大体把握企业当期经营是否良好，效益与发展是否正常等 比如，流动资产项目中，可以重点关注货币资金和应收账款，如果是生产性企业，还应重点关注存货的情况；非流动资产则需要重点关注企业的固定资产；负债类项目应重点关注应付账款、短期借款、其他应付款等；所有者权益类项目要重点看资本公积、盈余公积和未分配利润等
异常预警	在阅读资产负债表时，如果发现有项目变化幅度较大，就需要引起重视，提高警惕，因为这是报表数据在给使用者预警。此时使用者就需要分析报表数据异常的原因，并结合实际判断该预警是否合理，对于数据异常变动确实不合理的，及时采取措施改变经营策略，并在以后的财务管理工作中做好防范工作
后续考察	由于资产负债表只反映某一时点的财务状况，因此阅读企业的资产负债表不只是看某一期的报表，而应该对比前期报表，或者持续关注后期报表，对报表中的各个项目的发展变化在时间上进行连续分析，这样才能保证准确看懂企业发展方向和经营情况，才能保证企业所作的决策更科学、合理

⑤ 高效读懂资产负债表的步骤

我们既然知道了阅读资产负债表的要点，那么具体在阅读资产负债表时，怎么做才能提高阅读效率呢？

俗话说，按章办事省时省力，要高效读懂资产负债表，我们也可以按照一定的步骤进行，如图 2-5 所示。

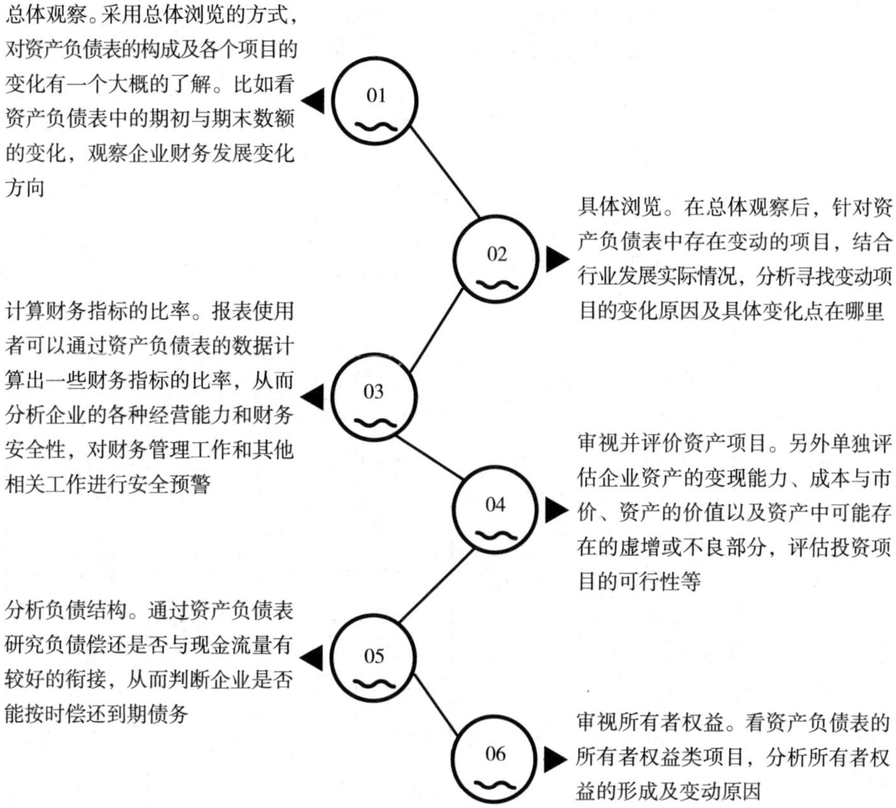

第二章 了解资本结构，看资产负债表

总体观察。采用总体浏览的方式，对资产负债表的构成及各个项目的变化有一个大概的了解。比如看资产负债表中的期初与期末数额的变化，观察企业财务发展变化方向

具体浏览。在总体观察后，针对资产负债表中存在变动的项目，结合行业发展实际情况，分析寻找变动项目的变化原因及具体变化点在哪里

计算财务指标的比率。报表使用者可以通过资产负债表的数据计算出一些财务指标的比率，从而分析企业的各种经营能力和财务安全性，对财务管理工作和其他相关工作进行安全预警

审视并评价资产项目。另外单独评估企业资产的变现能力、成本与市价、资产的价值以及资产中可能存在的虚增或不良部分，评估投资项目的可行性等

分析负债结构。通过资产负债表研究负债偿还是否与现金流量有较好的衔接，从而判断企业是否能按时偿还到期债务

审视所有者权益。看资产负债表的所有者权益类项目，分析所有者权益的形成及变动原因

图 2-5 高效读懂资产负债表的阅读步骤

> **实例分析**
>
> **一步一步快速读懂资产负债表**
>
> 　　表 2-4 为某公司 2×22 年 6 月 30 日编制的资产负债表。
>
> 　　从中可以看出，该公司的总资产相比年初 3 082 484.20 元，增长到 5 369 924.10 元，增加了 2 287 439.90 元。这是第一步，总体观察。
>
> 　　第二步，看具体项目的变动情况。货币资金、应收账款、预付款项、其他应收款、存货、固定资产均有增加，资产类项目没有减少的，所以资产的增加依赖于这些资产的同时增加。而资产总额增加，另一方面也反映为负债和所有者权益合计增加，此时细看负债和所有者权益，发现负债增加，同时所有者权益也增加了。

表 2-4 某公司 2×22 年 6 月 30 日资产负债表

资产负债表

编制单位：甲公司　　　　　　2×22 年 6 月 30 日　　　　　　会企 01 表
单位：元

资产	期末余额	上年年末余额	负债和所有者权益（或股东权益）	期末余额	上年年末余额
流动资产：			流动负债：		
货币资金	876 530.23	356 834.20	短期借款	1 000 000.00	1 000 000.00
衍生金融资产	0.00	0.00	衍生金融负债	0.00	0.00
应收票据	0.00	0.00	应付票据	0.00	0.00
应收账款	1 103 400.00	875 650.00	应付账款	543 200.80	352 484.20
预付款项	200 000.00	150 000.00	预收款项	0.00	0.00
应收利息	0.00	0.00	应付职工薪酬	247 790.90	30 000.00
应收股利	0.00	0.00	应交税费	50 000.00	0.00
其他应收款	500 000.00	0.00	应付利息	0.00	0.00
存货	986 543.42	500 000.00	应付股利	0.00	0.00
持有待售资产	0.00	0.00	其他应付款	300 000.00	200 000.00
一年内到期的非流动资产	0.00	0.00	持有待售负债	0.00	0.00
其他流动资产	0.00	0.00	一年内到期的非流动负债	0.00	0.00
			其他流动负债	0.00	0.00
流动资产合计	3 666 473.65	1 882 484.20	流动负债合计	2 140 991.70	1 582 484.20
非流动资产：			非流动负债：		
可供出售金融资产	0.00	0.00	长期借款	900 000.00	500 000.00
持有至到期投资	0.00	0.00	应付债券	0.00	0.00
长期应收款	0.00	0.00	长期应付款	0.00	0.00
长期股权投资	200 000.00	200 000.00	专项应付款	0.00	0.00
投资性房地产	0.00	0.00	预计负债	0.00	0.00
固定资产	1 003 450.45	500 000.00	递延收益	0.00	0.00
在建工程	0.00	0.00	递延所得税负债	0.00	0.00
工程物资	0.00	0.00	其他非流动负债	0.00	0.00

续上表

资产	期末余额	上年年末余额	负债和所有者权益（或股东权益）	期末余额	上年年末余额
生产性生物资产	0.00	0.00	非流动负债合计	900 000.00	500 000.00
油气资产	0.00	0.00	负债合计	3 040 991.70	2 082 484.20
无形资产	500 000.00	500 000.00	所有者权益（或股东权益）：		
开发支出	0.00	0.00	实收资本（或股本）	2 000 000.00	1 000 000.00
商誉	0.00	0.00	其他权益工具	0.00	0.00
长期待摊费用	0.00	0.00	资本公积	0.00	0.00
递延所得税资产	0.00	0.00	其他综合收益	0.00	0.00
其他非流动资产	0.00	0.00	专项储备	0.00	0.00
非流动资产合计	1 703 450.45	1 200 000.00	盈余公积	0.00	0.00
			未分配利润	328 932.40	0.00
			所有者权益合计	2 328 932.40	1 000 000.00
资产总计	5 369 924.10	3 082 484.20	负债和所有者权益总计	5 369 924.10	3 082 484.20

第三步，计算财务指标的比率。根据资产负债表，我们可以计算流动比率、速动比率、资产负债率、股东权益比率、产权比率和财务杠杆等指标数据，再与同行业其他公司进行横向比较，与本公司以前年度指标数据进行纵向比较，从而判断公司偿债能力的强弱。这里不作详解，关于财务分析涉及的财务指标计算，我们将在本书第七章详细介绍。

第四步，审视并评价资产类项目。其中，货币资金增加了519 696.03元（876 530.23−356 834.20），应收账款增加了227 750.00元（1 103 400.00−875 650.00），预付款项增加了50 000.00元（200 000.00−150 000.00），其他应收款增加500 000.00元（500 000.00−0.00），存货增加了486 543.42元（986 543.42−500 000.00），固定资产增加了503 450.45元（1 003 450.45−500 000.00）。流动资产合计的增加数远高于固定资产合计的增加数，表明公司资产变现能力有所提高；至于资产的含水量，需要结合利润表评价，这里不作详解。

第五步，分析负债结构。在一年内需要偿还的流动负债共 2 140 991.70 元，相比年初的 1 582 484.20 元，增加了 558 507.50 元。而在一年以后才需要偿还的非流动负债共 900 000.00 元，相比年初的 500 000.00 元，增加了 400 000.00 元。由此可见，公司担负了比较重的短期偿债压力，长期偿债压力相对较小。至于是否能按时偿债，需要结合公司的现金流量表看现金流量情况。

第六步，审视所有者权益。该公司 2×22 年上半年实收资本由年初的 1 000 000.00 元增加到 2 000 000.00 元，增加了 1 000 000.00 元；未分配利润由年初的 0.00 元增加到 328 932.40 元。这说明该公司 2×22 年上半年又接受了所有者追加投资，或者接受新的投资者投资，且接受的投资全部确认为实收资本，没有形成资本公积。另外，公司从没有未分配利润，反而有 328 932.40 元，可初步说明公司 2×22 年上半年经营业绩良好，使公司有了一些留存收益。

相对于总资产增加而言，负债总额增加了 958 507.50 元，所有者权益总额增加了 1 328 932.40 元。所以，资产总额的增加，更多来源于所有者权益的增加。这样一来，企业偿付债务更有保障，偿债能力增强。

综上所述，可以初步判断该公司 2×22 年上半年的经营情况在往好的方向发展。资产规模在扩大，且属于所有者权益的部分在增加，资金实力在增强。

二、掌握企业的资产构成很重要

企业的资产中，是现金多，还是存货多，又或者是固定资产多？企业有没有无形资产？有没有长期股权投资？企业的资产结构是否合理？这些问题都是深入研究资产负债表需要考虑的，也是了解一家企业具体的资产结构所必知的。

⑥ 企业会计准则规定应当单独列示的资产类项目

为了规范财务报表的列报，保证同一企业不同期间和同一期间不同企业的财务报表相互可比，根据《企业会计准则——基本准则》，制定《企业会计准则第 30 号——财务报表列报》。

根据 30 号准则的规定，财务报表至少应当包括图 2-6 中的部分。

```
    1              2              3              4              5
    ▽              ▽              ▽              ▽              ▽
资产负债表        利润表        现金流量表     所有者权益变动表      附注
```

图 2-6　财务报表至少应包括的组成部分

其中，资产负债表中的资产类至少应当单独列示反映 14 个项目：货币资金、以公允价值计量且其变动计入当期损益的金融资产、应收款项、预付款项、存货、被划分为持有待售的非流动资产及被划分为持有待售的处置组中的资产、其他债权投资、持有至到期投资、长期股权投资、投资性房地产、固定资产、无形资产、生物资产和递延所得税资产。

表 2-5 是对上述这些资产类项目的简单说明。

表 2-5　会计准则规定的至少应单独列示的资产类项目

项　目	说　明
货币资金	资产负债表中的"货币资金"项目，反映的是企业库存现金、银行结算户存款、外埠存款、银行汇票存款、银行本票存款、信用卡存款及信用证保证金存款等的合计数。填报时，主要根据会计处理中的"库存现金"、"银行存款"和"其他货币资金"科目的期末余额合计数填列
以公允价值计量且其变动计入当期损益的金融资产	它主要指交易性金融资产。该项目应根据"交易性金融资产"科目的相关明细科目期末余额分析填列。需要注意的是，自资产负债表日起超过一年到期且预期持有超过一年的以公允价值计量且其变动计入当期损益的非流动金融资产的期末账面价值，在资产负债表中的"其他非流动资产"项目中反映
应收款项	应收款项在资产负债表中主要体现为应收账款和应收票据。该项目反映资产负债表日以摊余成本计量的、企业因销售商品或提供劳务等经营活动应收取的款项，以及收到的商业汇票，包括银行承兑汇票和商业承兑汇票。填报时，该项目应根据"应收账款"和"应收票据"科目的期末余额，减去"坏账准备"科目中相关坏账准备期末余额后的金额填列
预付款项	资产负债表中的"预付款项"项目，反映企业按照购货合同规定预付给供应单位的款项。填报时，该项目应根据"预付账款"和"应付账款"科目所属各明细科目的期末借方余额合计数，减去"坏账准备"科目中有关预付账款计提的坏账准备期末余额后的净额填列

续上表

项目	说明
存货	资产负债表中的"存货"项目,反映企业期末在库、在途和在加工中的各种存货的可变现净值或成本(成本与可变现净值孰低)。填报时,该项目应根据"材料采购"、"原材料"、"低值易耗品"、"库存商品"、"周转材料"、"委托加工物资"、"委托代销商品"、"生产成本"和"受托代销商品"等科目的期末余额合计数,减去"受托代销商品款"、"存货跌价准备"等科目期末余额后的净额填列。注意,材料采用计划成本核算,以及库存商品采用计划成本核算或售价核算的企业,还应按照加或减材料成本差异、商品进销差价后的金额填列
被划分为持有待售的非流动资产及被划分为持有待售的处置组中的资产	它主要指"持有待售资产"项目。该项目应根据"持有待售资产"科目的期末余额,减去"持有待售资产减值准备"科目的期末余额后的金额填列
其他债权投资	该项目反映企业交易性金融资产和持有至到期投资以外的其他债权证券和权益证券。如果企业打算在一年内或超过一年的一个营业周期内卖出其他债权投资,就应将其归为短期投资;如果不打算在一年内或超过一年的一个营业周期内卖出,就应将其归为长期投资
持有至到期投资	该项目反映企业打算且能够持有到期的债权证券。如果这些证券在一年或超过一年的一个营业周期内到期,在流动资产的相关项目中列报;如果到期时间超过一年的一个营业周期,在非流动资产的相关项目中列报
长期股权投资	资产负债表中的"长期股权投资"项目,反映投资方对被投资单位实施控制、重大影响的权益性投资,以及对其合营企业的权益性投资。该项目应根据"长期股权投资"科目的期末余额,减去"长期股权投资减值准备"科目的期末余额后的净额填列
投资性房地产	该项目反映企业为赚取租金或资本增值(房地产买卖的差价),或两者兼有而持有的房地产。该项目应根据"投资性房地产"科目的期末余额,减去"累计折旧"科目中投资性房地产对应的累计折旧的期末余额和"投资性房地产减值准备"科目的期末余额后的净额填列
固定资产	资产负债表中的"固定资产"项目,反映资产负债表日企业固定资产的期末账面价值和企业尚未清理完毕的固定资产清理净损益。该项目应根据"固定资产"科目的期末余额,减去"累计折旧"和"固定资产减值准备"科目的期末余额后的金额,以及"固定资产清理"科目的期末余额填列
无形资产	资产负债表中的"无形资产"项目,反映企业持有的专利权、非专利技术、商标权、著作权和土地使用权等无形资产的成本减去累计摊销和减值准备后的净值。该项目应根据"无形资产"科目的期末余额,减去"累计摊销"和"无形资产减值准备"科目期末余额后的净额填列
生物资产	它主要包括公益性生物资产和消耗性生物资产。其中,消耗性生物资产,如生长中的大田作物、蔬菜、用材林和存栏待售的牲畜等。一般企业很少会涉及该项目

续上表

项　　目	说　　明
递延所得税资产	资产负债表中的"递延所得税资产"项目，反映企业根据所得税准则确认的可抵扣暂时性差异产生的所得税资产。该项目应根据"递延所得税资产"科目的期末余额填列

07 了解企业的变现能力看流动资产

什么是变现能力？通俗地说，就是变成现金的能力。

对企业来说，能轻易转变为现金的资产通常都是流动资产，如本身以现金形式存在的库存现金和银行存款，以及图2-7中的这些资产负债表中的流动资产类项目。

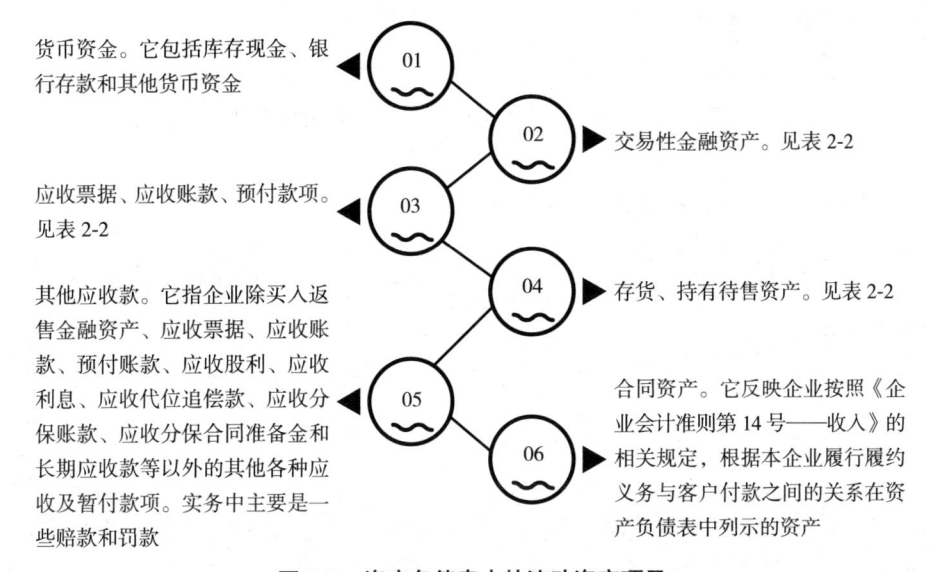

- 01 货币资金。它包括库存现金、银行存款和其他货币资金
- 02 交易性金融资产。见表2-2
- 03 应收票据、应收账款、预付款项。见表2-2
- 04 存货、持有待售资产。见表2-2
- 05 其他应收款。它指企业除买入返售金融资产、应收票据、应收账款、预付账款、应收股利、应收利息、应收代位追偿款、应收分保账款、应收分保合同准备金和长期应收款等以外的其他各种应收及暂付款项。实务中主要是一些赔款和罚款
- 06 合同资产。它反映企业按照《企业会计准则第14号——收入》的相关规定，根据本企业履行履约义务与客户付款之间的关系在资产负债表中列示的资产

图2-7　资产负债表中的流动资产项目

> **拓展贴士**　*资产负债表中的"一年内到期的非流动资产"项目*
>
> 资产负债表中的"一年内到期的非流动资产"项目，反映的是企业将于一年内到期的非流动资产项目金额。该项目应根据有关科目的期末余额分析填列。简单理解，该项目核算的是原本为非流动资产，但因为时间的推移，在当前时点看该非流动资产将在一年内到期的部分。

08 一些重要的流动资产项目的填列规则

如果你认为学习报表的入门知识不需要知道资产负债表如何填列,那就想得过于简单了。我们还是需要了解其中的一些重要项目的填列规则。

关于流动资产项目,在表 2-5 中已经介绍了一部分项目的填列规则,这里我们再来看看其他一些重要的流动资产项目的填列,如图 2-8 所示。

其他应收款

资产负债表中的"其他应收款"项目,应根据"应收利息""应收股利""其他应收款"科目的期末余额合计数,减去"坏账准备"科目汇总相关坏账准备期末余额后的金额填列

合同资产

资产负债表中的"合同资产"项目,核算的是企业已向客户转让商品而有权收取对价的权利。该项目应根据"合同资产"科目的相关明细科目的期末余额分析填列

图 2-8 其他一些重要的流动资产项目的填列规则

09 从非流动资产看企业资产的稳定性

你可能是这么认为的,非流动资产就是不流动资产。这样理解也不是不可以,但是并不准确。

非流动资产并不是一直"不流动",而是相对于流动资产而言,它的流动性更弱,更不容易变现,换句话说,也可以理解为非流动资产比流动资产更稳定。

那么,资产负债表中列示的资产类项目哪些属于非流动资产呢?在表 2-5 中我们已经了解了部分非流动资产项目,这里再简单介绍一些,见表 2-6。

表 2-6 非流动资产项目

项 目	简 述
债权投资	资产负债表中的"债权投资"项目,反映资产负债表日企业以摊余成本计量的长期债权投资的期末账面价值
其他债权投资	资产负债表中的"其他债权投资"项目,反映资产负债表日企业分类为以公允价值计量且其变动计入其他综合收益的长期债权投资的期末账面价值

续上表

项　目	简　述
长期应收款	资产负债表中的"长期应收款"项目，反映企业融资租赁产生的应收款项和采用递延方式分期收款、实质上具有融资性质的销售商品和提供劳务等经营活动产生的应收款项
其他权益工具投资	资产负债表中的"其他权益工具投资"项目，反映资产负债表日企业指定为以公允价值计量且其变动计入其他综合收益的非交易性权益工具投资的期末账面价值
在建工程	资产负债表中的"在建工程"项目，反映资产负债表日企业尚未达到预定可使用状态的在建工程的期末账面价值和企业为在建工程准备的各种物资的期末账面价值
开发支出	资产负债表中的"开发支出"项目，反映企业开发无形资产过程中能够资本化形成无形资产成本的支出部分
长期待摊费用	资产负债表中的"长期待摊费用"项目，反映企业已经发生但应由本期和以后各期负担的分摊期限在一年以上的各项费用

⑩ 一些重要的非流动资产项目的填列规则

与流动资产一样，我们在学习资产负债表时，也要对一些重要的非流动资产项目的填列规则有所了解，在表2-6中已经介绍过部分非流动资产项目的填报规则，其他一些非流动资产项目见表2-7。

表2-6　一些重要的非流动资产项目的填列规则

项　目	填列规则
债权投资	该项目应根据"债权投资"科目的相关明细科目期末余额，减去"债权投资减值准备"科目中相关减值准备的期末余额后的金额分析填列。自资产负债表日起一年内到期的长期债权投资的期末账面价值，在资产负债表中的"一年内到期的非流动资产"项目中填列报 注意，企业购入的以摊余成本计量的一年内到期的债权投资的期末账面价值，应在"其他流动资产"项目中填列报

续上表

项　目	填列规则
其他债权投资	该项目应根据"其他债权投资"科目的相关明细科目期末余额分析填列。自资产负债表日起一年内到期的长期债权投资的期末账面价值，在资产负债表中的"一年内到期的非流动资产"项目中填列 注意，企业购入的以公允价值计量且其变动计入其他综合收益的一年内到期的债权投资的期末账面价值，在"其他流动资产"项目中填列
长期应收款	该项目应根据"长期应收款"科目的期末余额，减去相应的"未实现融资收益"科目和"坏账准备"科目所列相关明细科目期末余额后的金额填列
其他权益工具投资	该项目应根据"其他权益工具投资"科目的期末余额填列
在建工程	该项目应根据"在建工程"科目的期末余额，减去"在建工程减值准备"科目的期末余额后的金额，以及"工程物资"科目的期末余额减去"工程物资减值准备"科目的期末余额后的金额填列
开发支出	该项目应根据"研发支出"科目中所属的"资本化支出"明细科目期末余额填列
长期待摊费用	该项目应根据"长期待摊费用"科目的期末余额，减去将于一年内（含一年）摊销的数额后的金额分析填列 注意，长期待摊费用中在一年内（含一年）摊销的部分，在资产负债表中的"一年内到期的非流动资产"项目中列报

三、负债与所有者权益类项目也不能忽视

企业经营过程中难免会存在应付而尚未支付、应交而未交的款项，这些都会构成企业的负债，又或者因为举债经营而负债。负债与所有者权益共同构成企业的资产。

⑪ 企业会计准则规定应当单独列示的负债类项目

根据《企业会计准则第 30 号——财务报表列报》的规定，资产负债表中的负债类至少应当单独列示反映下列信息的项目，如图 2-9 所示。

第二章 | 了解资本结构，看资产负债表

```
 ①         ②              ③         ④
短期借款   以公允价值计量且其变    应付款项    预收款项
         动计入当期损益的金融
              负债

⑫▷ 预计负债                  应付职工薪酬 ◁⑤

⑪▷ 递延所得税负债   被划分为持有待   应交税费 ◁⑥
                  售的处置组中的
                     负债
     长期应付款   应付债券               长期借款
        △         △         △         △
       ⑩         ⑨         ⑧         ⑦
```

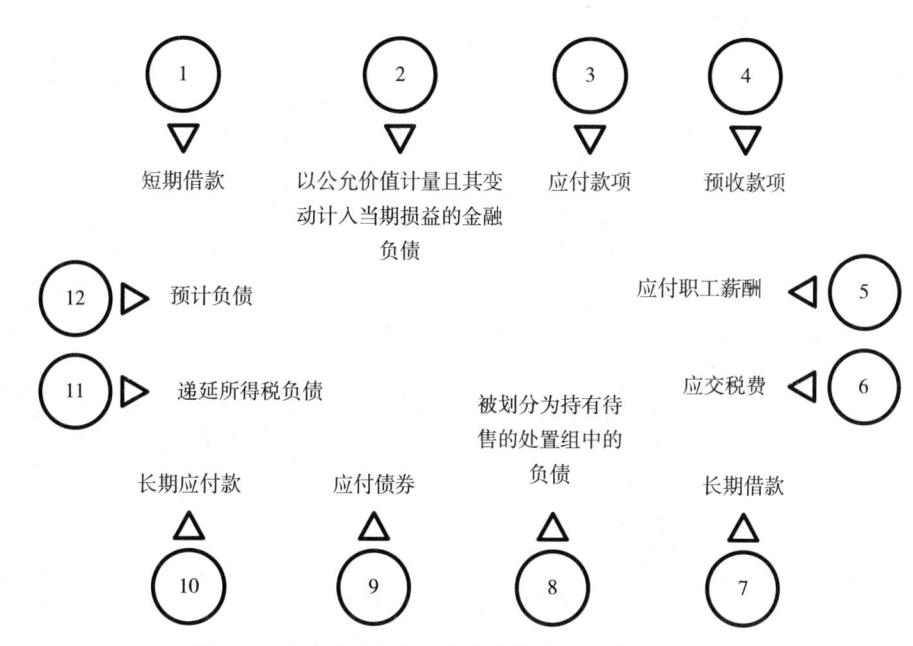

图 2-9 会计准则规定至少应当单独列示的负债类项目

资产负债表中的负债类至少应包括流动负债、非流动负债和负债的合计项目，按照企业的经营性质不切实可行的除外。

⑫ 从流动负债看企业有多少短期内需偿还的债务

流动负债项目是列示在资产负债表右侧最上方的一些负债类项目，它并不是按照负债的流动性来区别于非流动负债，它主要根据负债偿还期限的长短来划分。

换句话说，流动负债表示的是企业在短期内需要偿还的债务。那么，这个"短期"究竟多短？实际上，这个"短期"指一年内的一个营业周期。

如果短期内需要偿还的债务较多，则企业的短期偿债压力会比较大，对企业的短期偿债能力的要求就会更高。因此，报表使用者很有必要了解资产负债表中的流动负债项目，具体见表 2-8。

表 2-8 流动负债项目

项 目	简 述
短期借款	资产负债表中的"短期借款"项目，反映的是企业向银行或其他金融机构等借入的期限在一年以内（含一年）的各种借款

续上表

项　　目	简　　述
交易性金融负债	资产负债表中的"交易性金融负债"项目，反映的是企业资产负债表日承担的交易性金融负债，以及企业持有的直接指定为以公允价值计量且其变动计入当期损益的金融负债的期末账面价值。在适用于尚未执行新金融准则、新收入准则和新租赁准则的资产负债表中，这个项目的名称为"以公允价值计量且其变动计入当期损益的金融负债"
衍生金融负债	衍生金融负债是衍生金融工具的一种，同一个衍生金融工具，资产负债表日公允价值为负时，就是衍生金融负债
应付票据	资产负债表中的"应付票据"项目，反映的是资产负债表日企业因购买材料、商品和接受服务等经营活动开出、承兑的商业汇票，包括银行承兑汇票和商业承兑汇票
应付账款	资产负债表中的"应付账款"项目，反映的是资产负债表日企业因购买材料、商品和接受服务等经营活动应支付的款项
预收款项	资产负债表中的"预收款项"项目，反映的是企业按照购货合同规定预收客户单位的款项
合同负债	资产负债表中的"合同负债"项目，反映的是企业按照《企业会计准则第14号——收入》的相关规定，根据本企业履行履约义务与客户付款之间的关系在资产负债表中列示的负债
应付职工薪酬	资产负债表中的"应付职工薪酬"项目，反映企业为获得职工提供的服务或解除劳动关系而给予的各种形式的报酬或补偿。企业提供给职工配偶、子女、被赡养人、已故员工遗属及其他受益人等的福利，也属于职工薪酬。该项目核算的内容具体包括短期薪酬、离职后福利、辞退福利和其他长期职工福利
应交税费	资产负债表中的"应交税费"项目，反映企业按照税法规定计算应缴纳的各种税费，包括增值税、消费税、城市维护建设税、教育费附加、地方教育附加、企业所得税、个人所得税、土地增值税、城镇土地使用税、车船税、资源税、环境保护税、房产税和烟叶税等。 注意，企业所缴纳的税金不需要预计应交数的，如印花税、耕地占用税、契税和车辆购置税等，不在本项目列示
其他应付款	资产负债表中的"其他应付款"项目，反映的是企业除应付票据、应付账款、预收款项、应付职工薪酬和应交税费等经营活动以外的其他各项应付、暂收的款项
持有待售负债	资产负债表中的"持有待售负债"项目，反映的是企业资产负债表日处置组中与划分为持有待售类别的资产直接相关的负债的期末账面价值
一年内到期的非流动负债	资产负债表中的"一年内到期的非流动负债"项目，反映的是企业非流动负债中将于资产负债表日后一年内到期部分的负债，比如将于一年内偿还的长期借款

由于各企业经营范围和经营方式等不尽相同，因此流动资产、非流动资产、流动负债和非流动负债等项目包括但不限于前述提及的这些。

⑬ 一些重要的流动负债项目的填列

要搞懂资产负债表中流动负债的情况，报表使用者就需要知道这些项目是如何填列而来的，一些重要的流动负债项目的填列规则如图2-10所示。

01 短期借款。该项目应该根据"短期借款"科目的期末余额填列

02 交易性金融负债。该项目应根据"交易性金融负债"科目的相关明细科目期末余额填列

03 应付票据。该项目应该根据"应付票据"科目的期末余额填列

04 应付账款。该项目应根据"应付账款"和"预付账款"科目所属的相关明细科目的期末贷方余额合计数填列

05 预收款项。该项目应根据"预收账款"和"应收账款"科目所属各明细科目的期末贷方余额合计数填列。如果"预收账款"科目所属明细科目期末有借方余额，应在资产负债表"应收账款"项目内列示

06 合同负债。该项目应根据"合同负债"科目的相关明细科目期末余额分析填列

07 应付职工薪酬。该项目应根据"应付职工薪酬"科目所属各明细科目的期末贷方余额分析填列

08 应交税费。该项目应根据"应交税费"科目的期末贷方余额填列。如果"应交税费"科目期末为借方余额，应以"-"号填列。注意，"应交税费"科目下的"应交增值税""未交增值税""待抵扣进项税额""增值税留抵税额"等明细科目期末借方余额，应根据情况在资产负债表中的"其他流动资产"或"其他非流动资产"项目中列示；"应交税费——待转销项税额"等科目期末贷方余额应根据情况在资产负债表中的"其他流动负债"或"其他非流动负债"项目中列示

09 其他应付款、持有待售负债、一年内到期的非流动负债。其他应付款项目应根据"应付利息""应付股利"和"其他应付款"科目的期末余额合计数填列。持有待售负债项目应根据"持有待售负债"科目的期末余额填列。一年内到期的非流动负债项目应根据有关科目的期末余额分析填列

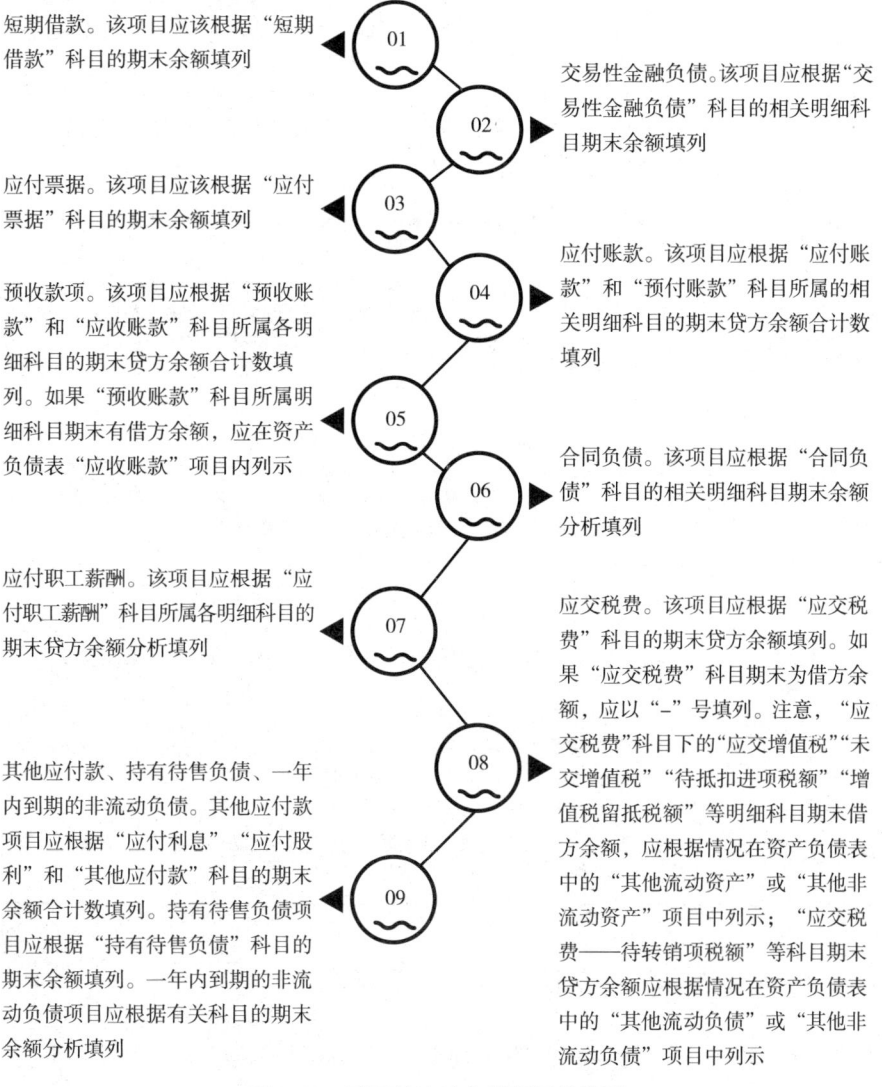

图2-10 重要的流动负债项目的填列

⑭ 非流动负债是企业需要偿还的长期负债

长期负债是企业短期内不需要偿还的负债,它对企业的短期偿债能力影响较小。但是,作为企业的负债,依然需要在到期时偿还,所以报表使用者也需要从资产负债表中了解企业有哪些非流动负债。表2-9为常见的非流动负债项目。

表2-9 非流动负债项目

项 目	简 述
长期借款	资产负债表中的"长期借款"项目,反映的是企业向银行或其他金融机构借入的期限在一年以上(不含一年)的各项借款
应付债券	资产负债表中的"应付债券"项目,反映的是企业为了筹集长期资金而发生的债券本金(和利息)
租赁负债	该项目是新租赁准则下的产物,指承租人在租入资产确认使用权资产的同时确认租赁负债
长期应付款	资产负债表中的"长期应付款"项目,反映的是企业除了长期借款和应付债券以外的其他各种长期应付款。它主要包括应付补偿贸易引进设备款、采用分期付款方式购入固定资产和无形资产发生的应付账款、应付融资租入固定资产租赁费等
预计负债	资产负债表中的"预计负债"项目,反映的是企业根据或有事项等相关准则确认的各项预计负债,包括对外提供担保、未决诉讼、产品质量保证、重组义务以及固定资产和矿区权益弃置义务等产生的预计负债
递延收益	资产负债表中的"递延收益"项目,反映的是企业尚待确认的收入或收益,核算时包括企业根据政府补助准则确认的应在以后期间计入当期损益的政府补助金额、售后租回形成融资租赁的售价与资产账面价值之间的差额等其他递延性收入
递延所得税负债	资产负债表中的"递延所得税负债"项目,反映的是企业根据所得税准则确认的应纳税暂时性差异产生的所得税负债
其他非流动负债	资产负债表中的"其他非流动负债"项目,反映的是企业除了以上非流动负债以外的其他非流动负债

⑮ 一些重要的非流动负债项目的填列规则

学习报表,知道重要项目的填列规则是必要的,包括非流动负债。下面就来看看一些重要的非流动负债项目的填列规则,如图2-11所示。

01 长期借款。该项目应根据"长期借款"科目的期末余额，扣除"长期借款"科目所属的明细科目中将在资产负债表日起一年内到期且企业不能自主地将清偿义务展期的长期借款后的金额填列

02 应付债券。该项目应根据"应付债券"科目的期末余额分析填列

03 租赁负债。该项目应按照租赁期开始日尚未支付的租赁付款额的现值填列

04 长期应付款。该项目应根据"长期应付款"科目的期末余额，减去相关的"未确认融资费用"科目的期末余额后的金额，以及"专项应付款"科目的期末余额减去所属相关明细科目中将于一年内到期的部分后的金额填列

05 预计负债。该项目应根据"预计负债"科目的期末余额填列

06 递延收益。该项目应根据"递延收益"科目的期末余额填列

07 其他非流动负债。该项目应根据有关科目期末余额，减去将于一年内（含一年）到期偿还数后的余额分析填列。非流动负债各项目中将于一年内（含一年）到期的非流动负债，应在"一年内到期的非流动负债"项目中列报

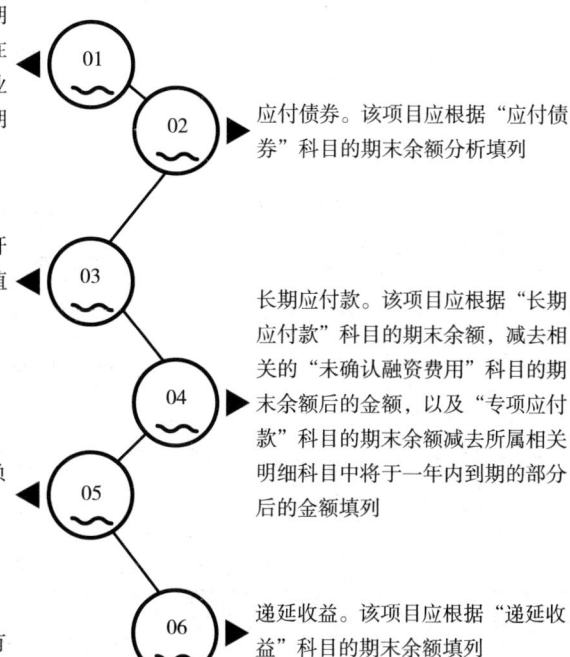

08 递延所得税负债。该项目应根据"递延所得税负债"科目的期末余额填列

图 2-11　重要的非流动负债项目的填列规则

在非流动负债项目中，"应付债券"项目下又分了"优先股"和"永续债"。那么什么是优先股，什么又是永续债呢？

优先股是指享有优先权的股票，具体是指持有优先股的股东对企业资产、利润分配等享有优先权。永续债是指没有明确到期日或期限非常长的债券，理论上永久存续。

⑯ 企业会计准则规定应单独列示的所有者权益类项目

根据《企业会计准则第30号——财务报表列报》的规定，资产负债表中的所有者权益类至少应当单独列示反映下列信息的项目，如图2-12所示。

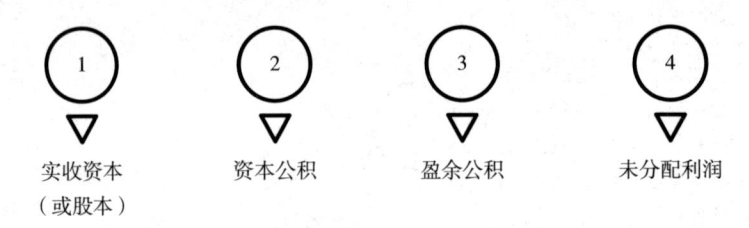

① ② ③ ④
▽ ▽ ▽ ▽
实收资本　　资本公积　　盈余公积　　未分配利润
（或股本）

图 2-12　会计准则规定的至少应单独列示的所有者权益类项目

资产负债表中的所有者权益类项目应当包括所有者权益的合计项目。而且，从资产负债表可以看出，所有者权益类项目就没有再细分类别了。

注意，在合并资产负债表中，还应当在所有者权益类单独列示少数股东权益项目。

在学习这些重要项目的填列规则前，我们先来认识常见的所有者权益类项目核算的内容究竟是什么，见表 2-10。

表 2-10　所有者权益类项目

项　目	简　述
实收资本（或股本）	资产负债表中的"实收资本（或股本）"项目，反映的是企业各投资者实际投入的资本（或股本）总额
其他权益工具	资产负债表中的"其他权益工具"项目，反映的是企业发行的除普通股以外的分类为权益工具的金融工具的账面价值，下设"优先股"和"永续债"两个项目，分别反映企业发行的分类为权益工具的优先股和永续债的账面价值
资本公积	资产负债表中的"资本公积"项目，反映的是企业收到的投资者出资超过其在注册资本或股本中所占的份额以及直接计入所有者权益的利得和损失等
其他综合收益	资产负债表中的"其他综合收益"项目，反映的是企业其他综合收益的期末余额
盈余公积	资产负债表中的"盈余公积"项目，反映的是企业提取的盈余公积的期末余额
未分配利润	资产负债表中的"未分配利润"项目，反映的是企业尚未分配的利润，即企业实现的净利润经过弥补亏损、提取盈余公积和向投资者分配利润后留存在企业的、历年结存的利润

⑰ 重要的所有者权益类项目的填列规则

所有者权益是企业资产扣除负债后，由所有者享有的剩余权益。当然，企业的所有者会特别重视，自然而然就会非常关注资产负债表中所有者权益的相关数据。

而要看懂所有者权益，就需要知道这些所有者权益类项目是怎么填列出来的。

实收资本（或股本）：该项目应根据"实收资本（或股本）"科目的期末余额填列。

其他权益工具：该项目应根据企业发行金融工具的种类等形成的各明细科目的期末余额分析填列。

资本公积：该项目应根据"资本公积"科目的期末余额填列。

其他综合收益：该项目应根据"其他综合收益"科目的期末余额填列。

盈余公积：该项目应根据"盈余公积"科目的期末余额填列。

未分配利润：该项目应根据"本年利润"科目和"利润分配"科目的余额计算填列。注意，如果企业表现为未弥补的亏损，则本项目内应以"-"号填列。

拓展贴士 *资产负债表中的"库存股"项目*

查看资产负债表的所有者权益类项目时，我们会看到一个名为"库存股"的项目，什么是库存股呢？

库存股是指已经公开发行的股票，但发行企业通过购入、赠予或其他方式重新获得可再行出售或注销的股票。这类股票既不分配股利，也不附投票权。它在资产负债表中列示为一项股东权益，但属于所有者权益备抵项。该项目应根据企业收购的尚未转让或注销的该企业股份金额填列。

至此，资产负债表的学习就暂告一段落。

第三章　知晓盈利情况，读利润表

一家企业的经营成果如何？企业今年是盈利了还是亏损了？盈利赚了多少？亏损亏了多少？企业当期需不需要缴纳企业所得税？学会看利润表，就是要能从利润表中获取这些问题的答案。

- 从利润表结构了解企业收支情况
- 先从日常经营活动列报营业利润
- 再考虑非日常经营活动收支形成利润总额
- 最后列报所得税费用和净利润

一、从利润表结构了解企业收支情况

你还在为不能清楚了解企业的经营成果而烦恼吗？当有人说你们家企业的盈利结构不合理时，你是否无从反驳？如果你想准确地掌握某企业的经营获利情况，你就可以查看利润表。而利润表中项目众多，想要快速读懂其中内容，需要先看懂其基本结构。

01 牢记我国企业常用的多步式利润表结构

作为一张报表，利润表也有固定的两个结构，即表首和正表，其包含的内容和作用与资产负债表相同，这里不再赘述。

在我国，企业常用的利润表为多步式格式，即通过对企业当期的收入、费用和支出项目按其性质加以归类，按利润形成的主要环节列示一些中间性利润指标，分步计算当期净损益，以便财务报表使用者理解企业经营成果的不同来源。

利润表的存在，可以反映企业在一定会计期间内收入、费用、利润（或亏损）的金额和构成情况，帮助财务报表使用者全面了解企业的经营成果，分析企业的获利能力及盈利增长趋势，从而为企业作出经济决策提供依据。

利润表中，包括的项目主要有营业收入、营业成本、税金及附加、销售费用、管理费用、研发费用、财务费用、资产减值损失、其他收益、公允价值变动收益、资产处置收益、营业利润、营业外收入、营业外支出、利润总额、所得税费用和净利润等。

表 3-1 为适用于已执行新金融准则、新收入准则和新租赁准则的利润表格式。

表 3-1 适用于已执行新金融准则、新收入准则和新租赁准则的利润表

利润表

会企 02 表

编制单位：　　　　　　　　　　年　月　　　　　　　　　　单位：元

项　　目	本期金额	上期金额
一、营业收入		
减：营业成本		
税金及附加		

续上表

项　　目	本期金额	上期金额
销售费用		
管理费用		
研发费用		
财务费用		
其中：利息费用		
利息收入		
加：其他收益		
投资收益（损失以"-"号填列）		
其中：对联营企业和合营企业的投资收益		
以摊余成本计量的金融资产终止确认收益（损失以"-"填列）		
净敞口套期收益（损失以"-"号填列）		
公允价值变动收益（损失以"-"号填列）		
信用减值损失（损失以"-"号填列）		
资产减值损失（损失以"-"号填列）		
资产处置收益（损失以"-"号填列）		
二、营业利润（亏损以"-"号填列）		
加：营业外收入		
减：营业外支出		
三、利润总额（亏损总额以"-"号填列）		
减：所得税费用		
四、净利润（净亏损以"-"号填列）		
（一）持续经营净利润（净亏损以"-"号填列）		
（二）终止经营净利润（净亏损以"-"号填列）		
五、其他综合收益的税后净额		
（一）不能重分类进损益的其他综合收益		
1.重新计量设定受益计划变动额		
2.权益法下不能转损益的其他综合收益		
3.其他权益工具投资公允价值变动		
4.企业自身信用风险公允价值变动		
……		

续上表

项　　目	本期金额	上期金额
（二）将重分类进损益的其他综合收益		
1. 权益法下可转损益的其他综合收益		
2. 其他债权投资公允价值变动		
3. 金融资产重分类计入其他综合收益的金额		
4. 其他债权投资信用减值准备		
5. 现金流量套期储备		
6. 外币财务报表折算差额		
……		
六、综合收益总额		
七、每股收益：		
（一）基本每股收益		
（二）稀释每股收益		

当然，也有适用于尚未执行新金融准则、新收入准则和新租赁准则的利润表格式，报表使用者可对比学习，见表3-2。

表3-2　适用于尚未执行新金融准则、新收入准则和新租赁准则的利润表

利润表

会企02表

编制单位：　　　　　　　　　　年　月　　　　　　　　　　单位：元

项　　目	本期金额	上期金额
一、营业收入		
减：营业成本		
税金及附加		
销售费用		
管理费用		
研发费用		
财务费用		
其中：利息费用		
利息收入		
加：其他收益		

续上表

项　　目	本期金额	上期金额
投资收益（损失以"-"号填列）		
其中：对联营企业和合营企业的投资收益		
公允价值变动收益（损失以"-"号填列）		
资产减值损失（损失以"-"号填列）		
资产处置收益（损失以"-"号填列）		
二、营业利润（亏损以"-"号填列）		
加：营业外收入		
减：营业外支出		
三、利润总额（亏损总额以"-"号填列）		
减：所得税费用		
四、净利润（净亏损以"-"号填列）		
（一）持续经营净利润（净亏损以"-"号填列）		
（二）终止经营净利润（净亏损以"-"号填列）		
五、其他综合收益的税后净额		
（一）不能重分类进损益的其他综合收益		
1.重新计量设定受益计划变动额		
2.权益法下不能转损益的其他综合收益		
……		
（二）将重分类进损益的其他综合收益		
1.权益法下可转损益的其他综合收益		
2.可供出售金融资产公允价值变动损益		
3.持有至到期投资重分类为可供出售金融资产损益		
4.现金流量套期损益的有效部分		
5.外币财务报表折算差额		
……		
六、综合收益总额		
七、每股收益：		
（一）基本每股收益		
（二）稀释每股收益		

这就是规范的多步式利润表的两种格式，实务中根据具体情况选用。

② 了解单步式利润表

利润表除了有多步式格式，也有单步式格式。那么，什么是单步式利润表呢？它长什么样？

单步式利润表是将企业当期所有的收入列示在一起，所有的费用列示在一起，然后将两者相减得出当期净损益。图 3-1 为单步式利润表的简易结构图。

利润表

编制单位：　　　　　年　月　日　　　　　单位：元

项目	行次	本月数	本年累计数
一、收入			
主营业务收入			
其他业务收入			
投资收益			
营业外收入			
……			
收入合计			
二、费用			
主营业务成本			
其他业务成本			
税金及附加			
销售费用			
管理费用			
财务费用			
营业外支出			
所得税费用			
……			
费用合计			
三、净利润			

图 3-1　单步式利润表

对比多步式利润表和单步式利润表可以发现，单步式利润表的格式比较简单，便于编制，但缺少利润构成要素的详细资料，不利于企业不同时期的利润表与行业之间利润表的纵向和横向的比较、分析。这也是为什么我国企业常用多步式利润表的原因之一。

但是，如果报表使用者仅仅想要知道某企业当期收入有多少，成本费用有多少，具体有多少盈利或者亏损，还是可以借鉴单步式利润表。

03 为什么利润表要分"本期金额"和"上期金额"栏

为了使财务报表使用者通过比较不同期间利润的实现情况,判断企业经营成果的未来发展趋势,企业需要提供比较利润表。

因此,利润表需要针对各个项目再划分"本期金额"和"上期金额"两栏分别填列。当然,在某些期间编制的利润表中这两栏的名称可能不是"本期金额"和"上期金额",可能是"本月数"和"本年累计数"等。这是企业根据实际情况进行的必要调整。

下面来看看这两栏究竟该如何填报,它们之间的对应关系是怎样的?如图3-2所示。

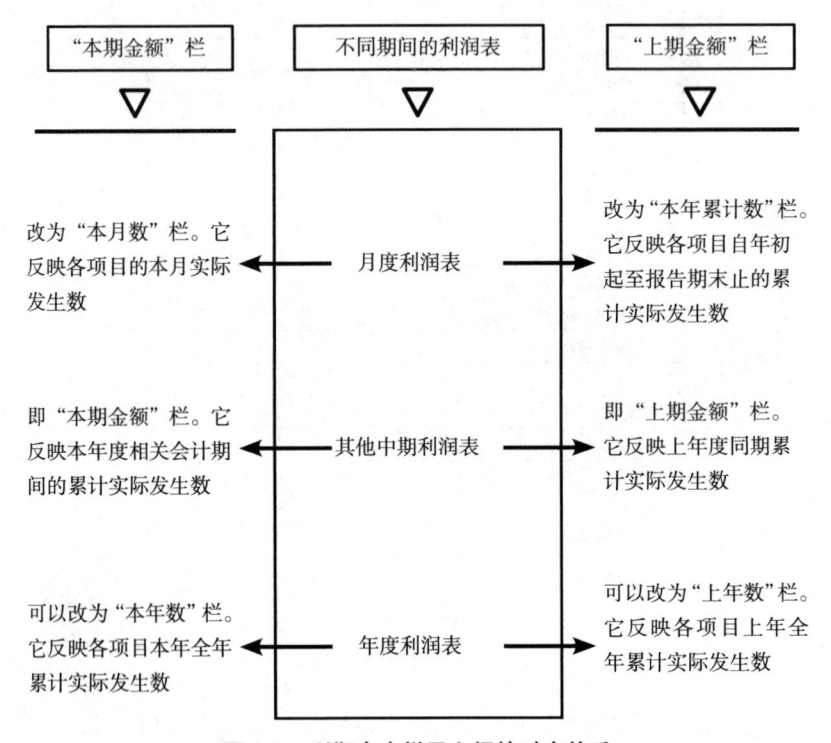

"本期金额"栏	不同期间的利润表	"上期金额"栏
改为"本月数"栏。它反映各项目的本月实际发生数	月度利润表	改为"本年累计数"栏。它反映各项目自年初起至报告期末止的累计实际发生数
即"本期金额"栏。它反映本年度相关会计期间的累计实际发生数	其他中期利润表	即"上期金额"栏。它反映上年度同期累计实际发生数
可以改为"本年数"栏。它反映各项目本年全年累计实际发生数	年度利润表	可以改为"上年数"栏。它反映各项目上年全年累计实际发生数

图3-2 利润表中栏目之间的对应关系

04 企业会计准则规定应当单独列示的利润表项目

根据《企业会计准则第30号——财务报表列报》的规定,利润表至少应当单独列示反映下列信息的项目,但其他会计准则另有规定的除外。如图3-3所示。

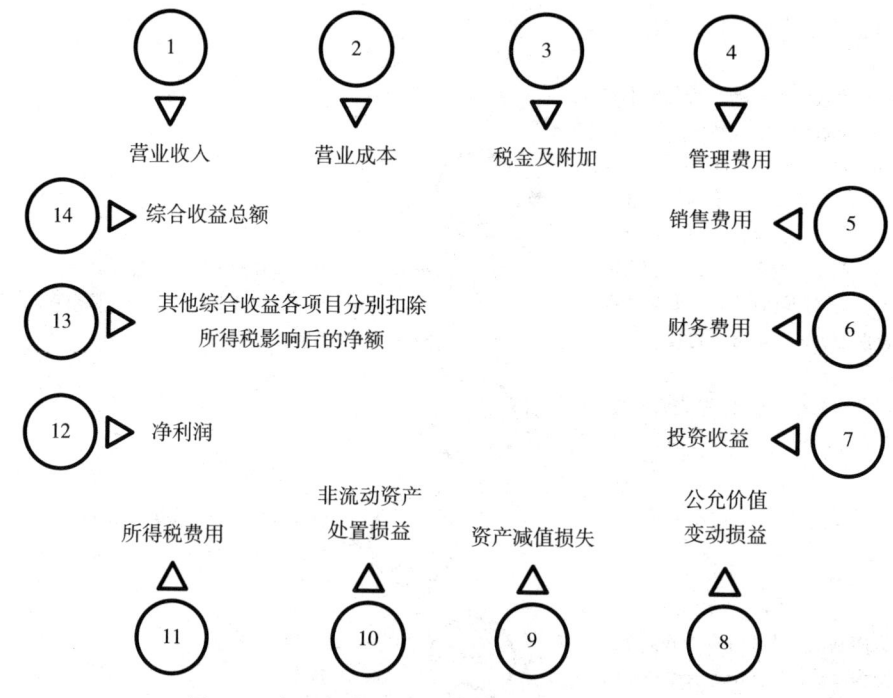

```
    1         2         3         4
    ▽         ▽         ▽         ▽
  营业收入   营业成本  税金及附加  管理费用

14 ▷ 综合收益总额              销售费用 ◁ 5

13 ▷ 其他综合收益各项目分别扣除
     所得税影响后的净额         财务费用 ◁ 6

12 ▷ 净利润                    投资收益 ◁ 7

                  非流动资产            公允价值
   所得税费用      处置损益   资产减值损失  变动损益
     △            △            △            △
    11           10            9            8
```

图 3-3　企业会计准则规定应单独列示的利润表项目

该准则还规定，企业在利润表中应当对费用按照功能分类，分为从事经营业务发生的成本、管理费用、销售费用和财务费用等。

金融企业可以根据其特殊性列示利润表项目。

在合并利润表中，企业应在净利润项目之下单独列示归属于母公司所有者的损益和归属于少数股东的损益；在综合收益总额项目之下单独列示归属于母公司所有者的综合收益总额和归属于少数股东的综合收益总额。

二、先从日常经营活动列报营业利润

理论上来说，企业的经营获利主要来自日常经营活动。多步式利润表中首先就反映了企业经营利润的这一主要来源。而对于主要的经营利润，我们叫它"营业利润"。要快速读懂利润表，就从搞懂企业的营业利润如何而来开始。

⑤ 要知道企业的营业收入具体包括哪些

企业的营业利润从何而来？为了了解这个问题的答案，我们先来看看利润表的主要编制步骤和内容，如图3-4所示。

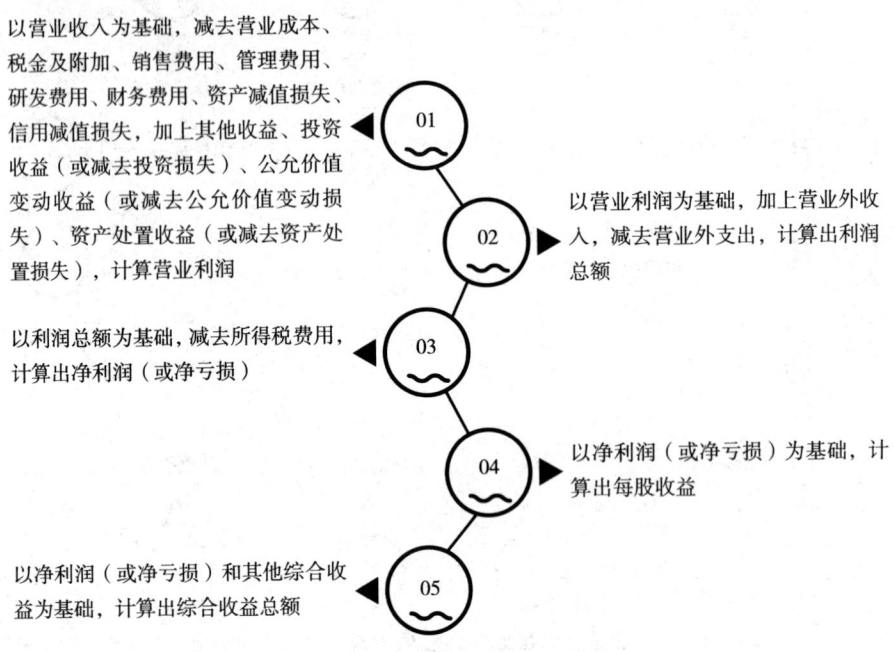

以营业收入为基础，减去营业成本、税金及附加、销售费用、管理费用、研发费用、财务费用、资产减值损失、信用减值损失，加上其他收益、投资收益（或减去投资损失）、公允价值变动收益（或减去公允价值变动损失）、资产处置收益（或减去资产处置损失），计算营业利润 ◀— 01

02 —▶ 以营业利润为基础，加上营业外收入，减去营业外支出，计算出利润总额

以利润总额为基础，减去所得税费用，计算出净利润（或净亏损）◀— 03

04 —▶ 以净利润（或净亏损）为基础，计算出每股收益

以净利润（或净亏损）和其他综合收益为基础，计算出综合收益总额 ◀— 05

图3-4　利润表的编制步骤

我们学财报入门，只需要关注图3-3中所示的前三个步骤。其中，第1步就反映了企业营业利润的由来。

而这里，我们需要先知道促使企业产生营业利润的营业收入的内容，它主要包括两大类，如图3-5所示。

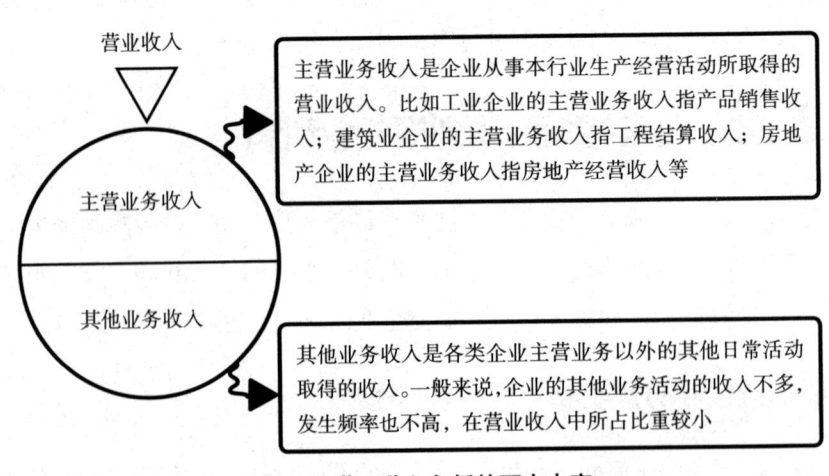

营业收入

主营业务收入 —▶ 主营业务收入是企业从事本行业生产经营活动所取得的营业收入。比如工业企业的主营业务收入指产品销售收入；建筑业企业的主营业务收入指工程结算收入；房地产企业的主营业务收入指房地产经营收入等

其他业务收入 —▶ 其他业务收入是各类企业主营业务以外的其他日常活动取得的收入。一般来说，企业的其他业务活动的收入不多，发生频率也不高，在营业收入中所占比重较小

图3-5　营业收入包括的两大内容

利润表中的"营业收入"项目,就是反映企业经营主要业务和其他业务所确认的收入总额。该项目应根据"主营业务收入"和"其他业务收入"科目的发生额分析填列。

实例分析

填列利润表中的"营业收入"项目

某公司为食品有限公司,其经营范围包括各类零食的生产和销售。2×22年10月"主营业务收入"科目发生额明细和"其他业务收入"科目发生额明细如下所示。

① 主营业务收入——A产品,贷方发生额合计300 000.00元。
② 主营业务收入——B产品,贷方发生额合计140 000.00元。
③ 主营业务收入——C产品,贷方发生额合计120 000.00元。
④ 其他业务收入——甲原材料,贷方发生额合计50 000.00元。
⑤ 其他业务收入——乙原材料,贷方发生额合计10 000.00元。

那么,该公司主营业务收入发生额合计为560 000.00元(300 000.00+140 000.00+120 000.00);其他业务收入发生额合计为60 000.00元(50 000.00+10 000.00)。所以,该公司2×22年10月利润表中"营业收入"项目的"本期金额"或"本月数"栏的列报金额为620 000.00元(560 000.00+60 000.00),见表3-3。

表3-3 填列2×22年10月利润表中的"营业收入"项目

编制单位:××公司　　　　　2×22年10月　　　　　会企02表　单位:元

项　目	本月数	本年累计数
一、营业收入	620 000.00	—

06 哪些项目构成企业的营业成本

要知道,营业成本与营业收入直接相关。因此,营业成本也分为两大类,如图3-6所示。

```
         营业成本
    ↙          ↘
主营业务成本        其他业务成本
```

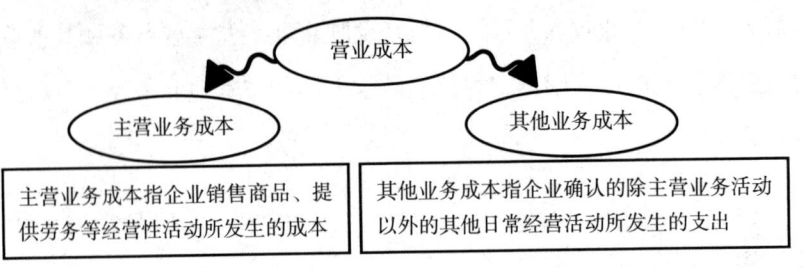

主营业务成本指企业销售商品、提供劳务等经营性活动所发生的成本	其他业务成本指企业确认的除主营业务活动以外的其他日常经营活动所发生的支出

图 3-6　营业成本包括的两大内容

利润表中的"营业成本"项目，就是反映企业经营主要业务和其他业务所发生的成本总额。该项目应根据"主营业务成本"和"其他业务成本"科目的发生额分析填列。

实例分析

填列利润表中的"营业成本"项目

某公司为食品有限公司，其经营范围包括各类零食的生产和销售。2×22年10月"主营业务成本"科目发生额明细和"其他业务成本"科目发生额明细如下所示。

①主营业务成本——A 产品，借方发生额合计 120 000.00 元。

②主营业务成本——B 产品，借方发生额合计 80 000.00 元。

③主营业务成本——C 产品，借方发生额合计 65 000.00 元。

④其他业务成本，借方发生额合计 43 000.00 元。

那么，该公司主营业务成本发生额合计为 265 000.00 元（120 000.00+80 000.00+65 000.00）；其他业务成本发生额合计为 43 000.00 元。所以，该公司 2×22 年 10 月利润表中"营业成本"项目的"本期金额"或"本月数"栏的填报金额为 308 000.00 元（265 000.00+43 000.00），见表 3-4。

表 3-4　填列 2×22 年 10 月利润表中的"营业成本"项目

编制单位：××公司　　　　　　2×22 年 10 月　　　　　　会企 02 表
　　　　　　　　　　　　　　　　　　　　　　　　　　　　单位：元

项　　目	本月数	本年累计数
一、营业收入	620 000.00	—
减：营业成本	308 000.00	—

注意，无论是主营业务收入、其他业务收入，还是主营业务成本、其他业务成本，在填列利润表时需要的发生额合计数，分别是各自科目当期反映增加数的方向的发生额合计数。

也就是说，"主营业务收入"与"其他业务收入"以贷方发生额合计数确认"营业收入"项目的填列金额；"主营业务成本"与"其他业务成本"以借方发生额合计数确认"营业成本"项目的填列金额。至于"主营业务收入"和"其他业务收入"科目的借方发生额，以及"主营业务成本"和"其他业务成本"科目的贷方发生额，是企业期末结转损益产生的，在数额上等于各自相反方向的金额。

利润表中除"营业利润""利润总额"和"净利润"等项目外的其他项目，几乎都按照这样的规则进行填列。

07 如何填列"税金及附加"项目

可能你会说："我听过营业税金及附加，没听过什么税金及附加。"这说明你对财税知识的了解已经落后了。

现行企业会计准则和相关税法已经将以前的"营业税金及附加"科目改名为现在的"税金及附加"科目了。

"税金及附加"项目反映企业经营业务应负担的各种税费，包括消费税、城市维护建设税、教育费附加、地方教育附加、印花税、房产税、土地增值税、城镇土地使用税、车船税、资源税、环境保护税和烟叶税等。

> **拓展贴士** *不通过"税金及附加"科目核算的税种*
>
> 在现行的18个税种中，有三个税种不通过"税金及附加"科目进行核算，它们分别是耕地占用税、契税和车辆购置税。这些税种在实际发生纳税义务时，直接计入相关资产的入账价值或开发支出的入账金额，贷方记"银行存款"科目。比如企业因购置新车而需要缴纳的车辆购置税，在缴纳相关税费时，直接将税费金额计入所购新车的入账价值。

利润表中的"税金及附加"项目，应根据"税金及附加"科目的发生额分析填列。而要弄清楚该科目的发生额情况，需要对相关税种在会计核算时的对方科目有所了解，如图3-7所示。

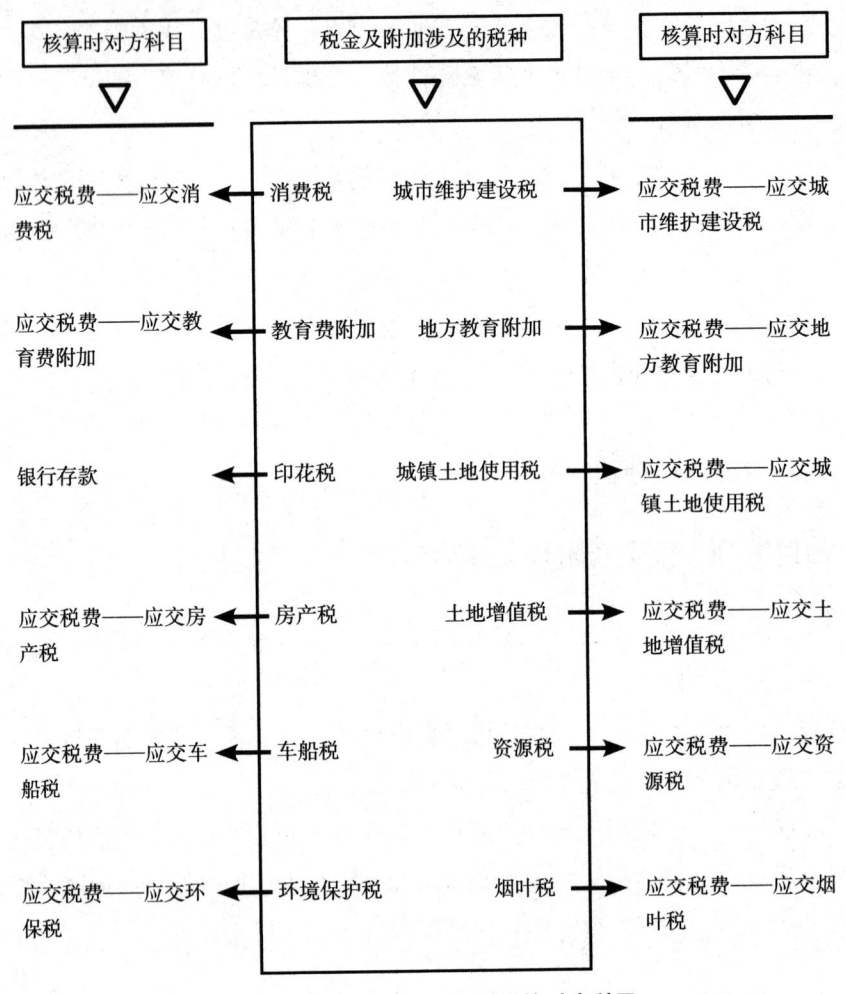

核算时对方科目	税金及附加涉及的税种	核算时对方科目
应交税费——应交消费税 ←	消费税　城市维护建设税	→ 应交税费——应交城市维护建设税
应交税费——应交教育费附加 ←	教育费附加　地方教育附加	→ 应交税费——应交地方教育附加
银行存款 ←	印花税　城镇土地使用税	→ 应交税费——应交城镇土地使用税
应交税费——应交房产税 ←	房产税　土地增值税	→ 应交税费——应交土地增值税
应交税费——应交车船税 ←	车船税　资源税	→ 应交税费——应交资源税
应交税费——应交环保税 ←	环境保护税　烟叶税	→ 应交税费——应交烟叶税

图 3-7　"税金及附加"科目的对应科目

填列利润表中的"税金及附加"项目

某公司为食品有限公司，其经营范围包括各类零食的生产和销售。2×22年10月"税金及附加"科目借方发生额合计 18 400.00 元。那么，该公司税金及附加的发生额合计为 18 400.00 元。所以，该公司 2×22 年 10 月利润表中"税金及附加"项目的"本期金额"或"本月数"栏的列报金额为 18 400.00 元，见表 3-5。

表 3-5　填列 2×22 年 10 月利润表中的"税金及附加"项目

编制单位：××公司　　　　　　　2×22 年 10 月　　　　　　　会企 02 表
　　　　　　　　　　　　　　　　　　　　　　　　　　　　　单位：元

项　　目	本月数	本年累计数
一、营业收入	620 000.00	—
减：营业成本	308 000.00	—
税金及附加	18 400.00	

08　如何才能正确填列"销售费用"项目

销售费用是指企业销售商品和材料、提供劳务的过程中发生的各种费用。如果你认为它只包括包装费、广告费等费用，那么你就错了！

利润表中的"销售费用"项目，反映的是企业在销售商品和材料、提供劳务的过程中发生的包装费、广告费等费用和为销售本企业商品而专设的销售机构的职工薪酬以及业务费等经营费用。

通俗地说，企业应发给销售部门的员工的工资、奖金、津贴和补贴，以及因销售活动而发生的业务费等，都属于企业的销售费用，需要通过"销售费用"科目进行核算。

那么，利润表中的"销售费用"项目，究竟该如何填列呢？

"销售费用"项目应根据"销售费用"科目的发生额分析填列，更具体地说，是根据"销售费用"科目的借方发生额的合计数填列。

实例分析

填列利润表中的"销售费用"项目

某公司为食品有限公司，其经营范围包括各类零食的生产和销售。2×22 年 10 月"销售费用"科目借方发生额合计 82 000.00 元。那么，该公司销售费用的发生额合计为 82 000.00 元。所以，该公司 2×22 年 10 月利润表中"销售费用"项目的"本期金额"或"本月数"栏的列报金额为 82 000.00 元，见表 3-6。

表 3-6　填列 2×22 年 10 月利润表中的"销售费用"项目

编制单位：××公司　　　　　　2×22 年 10 月　　　　　　会企 02 表
　　　　　　　　　　　　　　　　　　　　　　　　　　　单位：元

项　目	本月数	本年累计数
一、营业收入	620 000.00	—
减：营业成本	308 000.00	—
税金及附加	18 400.00	—
销售费用	82 000.00	—

⑨ "管理费用"和"研发费用"项目的填列

为什么这里要将"管理费用"和"研发费用"项目放在一起说呢？这就不得不提企业自行研发无形资产的经济活动了。

当企业自行研发无形资产时，如生产技术或其他非专利技术，此时会区分研究阶段和开发阶段发生的支出。其中，研究阶段发生的支出通常全部费用化，即账务处理时通过"研发支出——费用化支出"科目进行核算。

而开发阶段发生的支出，又需要区分是否符合资本化条件，不符合资本化条件的支出，依旧通过"研发支出——费用化支出"科目进行核算；符合资本化条件的支出，需要通过"研发支出——资本化支出"科目进行核算。

在这些账务处理过程中，"研发支出——费用化支出"科目的期末余额会在期末或资产负债表日转入"管理费用"科目。如图 3-8 所示。换句话说，就是"管理费用"科目中核算的金额，包括了研发支出中的费用化支出，而为了将这部分管理费用与其他经营活动中产生的管理费用进行区分，需要在填报利润表时，将这部分管理费用列示到"研发费用"项目中。

对于"研发支出——资本化支出"科目的期末余额，如果在资产负债表日还尚未形成无形资产，则该科目的期末余额需要填列到资产负债表中的"开发支出"项目中。

第三章 知晓盈利情况，读利润表

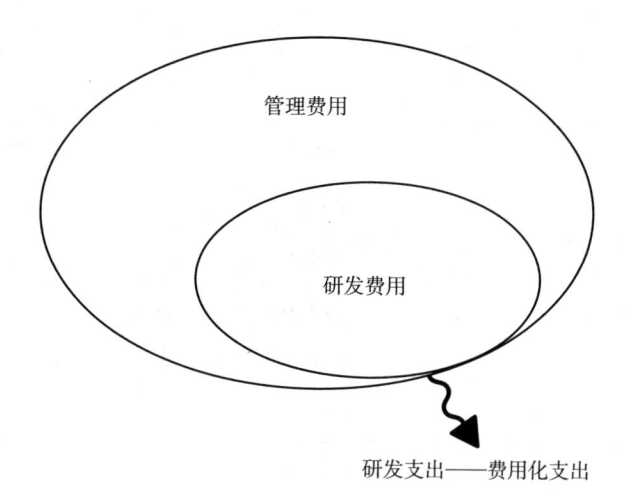

图 3-8 利润表中管理费用和研发费用的关系

而利润表中的"管理费用"项目填报的金额，就直接根据"管理费用"科目的发生额分析填列。

实例分析

填列利润表中的"管理费用"和"研发费用"项目

某公司为食品有限公司，其经营范围包括各类零食的生产和销售。2×22年10月"管理费用"科目借方发生额合计148 000.00元，其中，由"研发支出——费用化支出"科目转入的金额共20 000.00元。

那么，该公司管理费用的发生额合计为148 000.00元，研发费用的发生额合计为20 000.00元。所以，该公司2×22年10月利润表中"管理费用"项目的"本期金额"或"本月数"栏的列报金额为128 000.00元；"研发费用"项目的"本期金额"或"本月数"栏的列报金额为20 000.00元，见表3-7。

表3-7 填列2×22年10月利润表中的"管理费用"和"研发费用"项目

编制单位：××公司　　　　　　　2×22年10月　　　　　　　会企02表
　　　　　　　　　　　　　　　　　　　　　　　　　　　　　单位：元

项　　目	本月数	本年累计数
一、营业收入	620 000.00	—

61

续上表

项　　目	本月数	本年累计数
减：营业成本	308 000.00	—
税金及附加	18 400.00	—
销售费用	82 000.00	—
管理费用	128 000.00	—
研发费用	20 000.00	—

⑩ 为什么"财务费用"的填列要区分利息费用和收入

可能有很多人首次听到"财务费用"这个词时，从字面意思认为它是与企业的财务工作有关的费用。实则不然。

财务费用是指企业为了筹集生产经营所需资金而发生的筹资费用。对于企业来说，为了筹集生产经营所需资金而发生的费用，通常指向银行或其他金融机构借款产生的利息支出，或者发行债券产生的应付利息支出等。这些支出发生时，作为企业的利息费用，借记"财务费用"科目，表示企业财务费用的增加。

另外，企业向银行存入资金而获取的利息收入，以及将资金借给外单位使用而获取的利息收入等，在发生时，贷记"财务费用"科目，表示冲减企业当期的财务费用。

由此可见，"财务费用"科目既核算企业的利息支出，也核算企业的利息收入。所以，在填列利润表中的"财务费用"项目时，需要区分利息收入和利息费用。

利润表中这三个项目之间的关系，如图3-9所示。

利息费用 － 利息收入 ＝ 财务费用

图3-9 利润表中"财务费用""利息费用"和"利息收入"项目之间的关系

利润表中的"财务费用"项目，应根据"财务费用"科目的发生额分析填列。

其中，"利息费用"项目反映的是企业为了筹集生产经营所需资金而发生的应予费用化的利息支出，该项目应根据"财务费用"科目的相关明细科目的借方发生额分析填列。

"利息收入"项目反映的是企业确认的利息收入，该项目应根据"财务费用"科目的相关明细科目的贷方发生额分析填列。

如果企业当期存在利息收入，则利润表中的"财务费用"项目的金额会小于"利息费用"项目的金额。如果当期不存在利息收入，则两个项目的金额通常应相等。

实例分析

填列利润表中的"财务费用"、"利息费用"和"利息收入"项目

某公司为食品有限公司，其经营范围包括各类零食的生产和销售。2×22年10月"财务费用"科目借方发生额合计38 000.00元，贷方发生额中明细科目"利息收入"的发生额合计12 000.00元。

那么，该公司"财务费用"科目在期末结转前，借方余额为26 000.00元。所以，该公司2×22年10月利润表中"财务费用"项目的"本期金额"或"本月数"栏的列报金额为26 000.00元；其中，"利息费用"项目的"本期金额"或"本月数"栏的列报金额为38 000.00元；"利息收入"项目的"本期金额"或"本月数"栏的列报金额为12 000.00元，见表3-8。

表3-8 填列2×22年10月利润表中的"财务费用"等项目

会企02表

编制单位：××公司　　　　　　　2×22年10月　　　　　　　单位：元

项　　目	本月数	本年累计数
一、营业收入	620 000.00	—
减：营业成本	308 000.00	—
税金及附加	18 400.00	—
销售费用	82 000.00	—
管理费用	128 000.00	—
研发费用	20 000.00	—

续上表

项　　目	本月数	本年累计数
财务费用	26 000.00	—
其中：利息费用	38 000.00	
利息收入	12 000.00	—

⑪ 关于其他各收益类项目的填列规则

从利润表的结构中可以知道，其他各收益类项目包括其他收益、投资收益、公允价值变动收益、信用减值损失、资产减值损失和资产处置收益等。其他收益一般与政府补助有关，这里不作详解。这些项目包含的内容以及填列规则如图 3-10 所示。

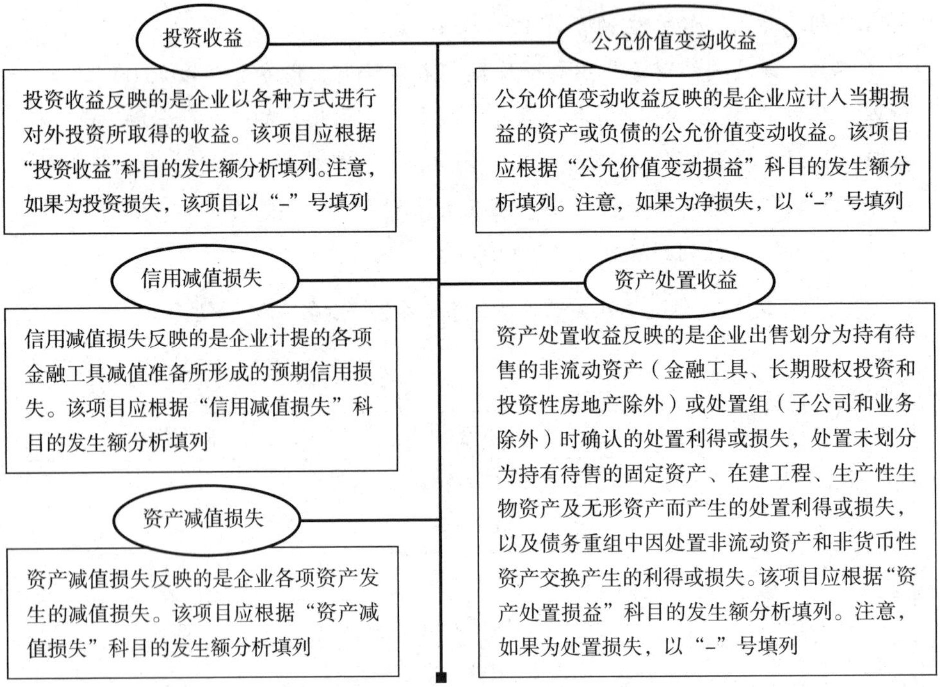

投资收益

投资收益反映的是企业以各种方式进行对外投资所取得的收益。该项目应根据"投资收益"科目的发生额分析填列。注意，如果为投资损失，该项目以"-"号填列

公允价值变动收益

公允价值变动收益反映的是企业应计入当期损益的资产或负债的公允价值变动收益。该项目应根据"公允价值变动损益"科目的发生额分析填列。注意，如果为净损失，以"-"号填列

信用减值损失

信用减值损失反映的是企业计提的各项金融工具减值准备所形成的预期信用损失。该项目应根据"信用减值损失"科目的发生额分析填列

资产处置收益

资产处置收益反映的是企业出售划分为持有待售的非流动资产（金融工具、长期股权投资和投资性房地产除外）或处置组（子公司和业务除外）时确认的处置利得或损失，处置未划分为持有待售的固定资产、在建工程、生产性生物资产及无形资产而产生的处置利得或损失，以及债务重组中因处置非流动资产和非货币性资产交换产生的利得或损失。该项目应根据"资产处置损益"科目的发生额分析填列。注意，如果为处置损失，以"-"号填列

资产减值损失

资产减值损失反映的是企业各项资产发生的减值损失。该项目应根据"资产减值损失"科目的发生额分析填列

图 3-10　其他各收益类项目内容及其填列规则

当然，阅读利润表还会发现，收益类项目中还有一个"净敞口套期收益"项目，因为该项目的核算与填报比较难，这里不作介绍。

实例分析

填列利润表中的其他各收益类项目

某公司为食品有限公司，其经营范围包括各类零食的生产和销售。2×22年10月发生的各收益类项目的明细如下。假设不存在净敞口套期收益。

①"投资收益"科目的贷方发生额为408 300.00元，借方发生额为375 000.00元。

②"公允价值变动损益"科目的贷方发生额为10 000.00元，无借方发生额。而且，其中没有包括计入"投资收益"科目的金额。

③"信用减值损失"科目的借方发生额为15 000.00元，无贷方发生额。

④"资产减值损失"科目的借方发生额为18 000.00元，无贷方发生额。

⑤"资产处置损益"科目的贷方发生额为26 000.00元，无借方发生额。

那么，该公司"投资收益"科目在期末结转前的余额在贷方，表示收益，共33 300.00元（408 300.00-375 000.00）。"公允价值变动损益"科目在期末结转前的余额在贷方，表示收益，共10 000.00元。"信用减值损失"科目在期末结转前的余额在借方，表示损失，共15 000.00元。"资产减值损失"科目在期末结转前的余额在借方，表示损失，共18 000.00元。"资产处置损益"科目在期末结转前的余额在贷方，表示收益，共26 000.00元。

所以，该公司2×22年10月利润表中"投资收益"、"公允价值变动损益"、"信用减值损失"、"资产减值损失"和"资产处置损益"等项目的"本期金额"或"本月数"栏的列报金额依次为33 300.00元、10 000.00元、-15 000.00元、-18 000.00元和26 000.00元，见表3-9。

表3-9 填列2×22年10月利润表中其他各收益类项目

编制单位：××公司　　　　　　2×22年10月　　　　　　会企02表
单位：元

项　目	本月数	本年累计数
一、营业收入	620 000.00	—
减：营业成本	308 000.00	—

续上表

项　　目	本月数	本年累计数
税金及附加	18 400.00	—
销售费用	82 000.00	—
管理费用	128 000.00	—
研发费用	20 000.00	—
财务费用	26 000.00	—
其中：利息费用	38 000.00	—
利息收入	12 000.00	—
加：其他收益		—
投资收益	33 300.00	—
净敞口套期收益	—	—
公允价值变动收益	10 000.00	—
信用减值损失	−15 000.00	—
资产减值损失	−18 000.00	—
资产处置收益	26 000.00	—

⑫ 简单计算填列"营业利润"项目

在本节前面的内容中，我们已经知道了营业利润的由来，这里不再重复说明。下面直接通过一个案例学习利润表中的"营业利润"项目的填列。

实例分析

填列利润表中的"营业利润"项目

以本章前述案例的数据为基础，计算填列利润表中的"营业利润"项目的"本期金额"或"本月数"栏的填列金额，见表3-10。

表3-10 填列2×22年10月利润表中的"营业利润"项目

编制单位：××公司　　　　　　2×22年10月　　　　　　　　　　会企02表
　　　　　　　　　　　　　　　　　　　　　　　　　　　　　　单位：元

项　　目	本月数	本年累计数
一、营业收入	620 000.00	—
减：营业成本	308 000.00	—
税金及附加	18 400.00	—
销售费用	82 000.00	—
管理费用	128 000.00	—
研发费用	20 000.00	—
财务费用	26 000.00	—
其中：利息费用	38 000.00	—
利息收入	12 000.00	—
加：其他收益		—
投资收益	33 300.00	—
净敞口套期收益	—	—
公允价值变动收益	10 000.00	—
信用减值损失	-15 000.00	—
资产减值损失	-18 000.00	—
资产处置收益	26 000.00	—
二、营业利润	73 900.00	—

该利润表中的"营业利润"项目所填列的金额73 900.00元，是根据下列计算公式得来的。

"营业利润"项目金额=620 000.00-308 000.00-18 400.00-82 000.00-128 000.00-20 000.00-26 000.00+33 300.00+10 000.00-15 000.00-18 000.00+26 000.00=73 900.00（元）

注意，在利润表中有这样一些项目，如果期末表现为损失，在填列利润表时应以"-"号填列，如：投资收益、净敞口套期收益、公允价值变动收益、信用减值损失、资产减值损失、资产处置收益和营业利润。

三、再考虑非日常经营活动收支形成利润总额

想必从事过财会工作的人都知道，企业生产经营过程中发生的经济业务或交易事项，除了大部分为日常经营活动外，其实偶尔还会发生一些非日常经营活动。这些活动可能给企业带来收入，也可能使企业发生费用开支，但无论是哪一种，都会影响企业确认当期利润总额。

⑬ 企业有哪些收入项目属于营业外收入

要正确填报利润表中的"营业外收入"项目，需要先了解企业经营过程中取得的哪些收入属于营业外收入。

从概念上看，营业外收入是企业确认的、与其日常活动无直接关系的各项利得。怎么理解呢？

营业外收入不是企业经营资金耗费所产生的，不需要与有关费用进行匹配，而它实际上是经济利益的净流入。鉴于此，营业外收入内容如图 3-11 所示。

01 非流动资产毁损报废收益，指因自然灾害等发生毁损、已丧失使用功能而报废的非流动资产产生的清理收益

02 盘盈利得，指企业对现金等资产进行清查盘点时发生盘盈，报经批准后计入营业外收入的金额

03 捐赠利得，指企业接受捐赠产生的利得

04 非货币性资产交换利得，指企业在非货币性资产交换中换出资产为固定资产、无形资产的，换入资产公允价值大于换出资产账面价值的差额，扣除相关费用后计入营业外收入的金额

05 债务重组利得，指企业在债务重组时重组债务的账面价值超过清偿债务的现金、非现金资产的公允价值、所转股份的公允价值或重组后债务账面价值之间的差额

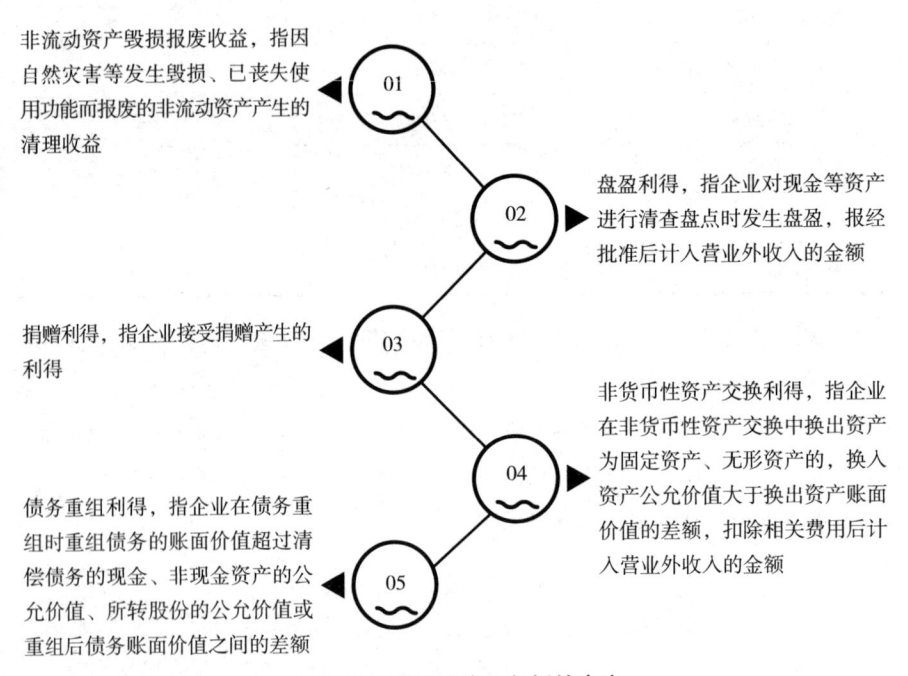

图 3-11 营业外收入包括的内容

利润表中的"营业外收入"项目,应根据"营业外收入"科目的发生额分析填列。

实例分析

填列利润表中的"营业外收入"项目

某公司为食品有限公司,其经营范围包括各类零食的生产和销售。2×22年10月"营业外收入"科目的贷方发生额合计3 700.00元,期末结转前无借方发生额。这3 700.00元中,有200.00元属于现金盘盈利得,有3 500.00元为固定资产盘盈利得。

所以,该公司2×22年10月利润表中"营业外收入"项目的"本期金额"或"本月数"栏的列报金额为3 700.00元,见表3-11。

表3-11 填列2×22年10月利润表中的"营业外收入"项目

会企02表

编制单位:××公司　　　　　　2×22年10月　　　　　　　　　单位:元

项　　目	本月数	本年累计数
……	……	—
二、营业利润	73 900.00	—
加:营业外收入	3 700.00	—

⑭ 企业哪些开支项目属于营业外支出

营业外支出是企业发生的、与其日常活动无直接关系的各项损失。它不需要与有关收入进行匹配,实际上是经济利益的净流出。

鉴于此,营业外支出主要内容见表3-12。

表3-12 营业外支出包括的内容

内　　容	说　　明
非流动资产毁损报废损失	指因自然灾害等发生毁损、已丧失使用功能而报废的非流动资产产生的清理损失
公益性捐赠支出	指企业对外进行公益性捐赠发生的支出

续上表

内　容	说　明
盘亏损失	指企业在财产清查盘点中盘亏的资产，查明原因并报经批准计入营业外支出的损失
非常损失	指企业对于因客观因素（如自然灾害等）造成的损失，扣除保险公司赔偿后应计入营业外支出的净损失
罚款支出	指企业支付的行政罚款、税务罚款以及其他违反法律法规、合同协议等支付的罚款、违约金和赔偿金等支出
非货币性资产交换损失	指企业在非货币性资产交换中换出资产为固定资产、无形资产的，换入资产的公允价值小于换出资产账面价值的差额，再加上相关费用后计入营业外支出的金额
债务重组损失	指企业在债务重组时重组债务的账面价值小于清偿债务的现金、非现金资产的公允价值、所转股份的公允价值或重组后债务账面价值之间的差额

利润表中的"营业外支出"项目，应根据"营业外支出"科目的发生额分析填列。

实例分析

填列利润表中的"营业外支出"项目

某公司为食品有限公司，其经营范围包括各类零食的生产和销售。2×22年10月"营业外支出"科目的借方发生额合计53 000.00元，期末结转前无贷方发生额。这53 000.00元中，有50 000.00元属于捐赠支出，有3 000.00元属于罚没支出。

所以，该公司2×22年10月利润表中"营业外支出"项目的"本期金额"或"本月数"栏的列报金额为53 000.00元，见表3-13。

表3-13　填列2×22年10月利润表中的"营业外支出"项目

编制单位：××公司　　　　　　　2×22年10月　　　　　　　会企02表
　　　　　　　　　　　　　　　　　　　　　　　　　　　　　单位：元

项　目	本月数	本年累计数
……	……	—
二、营业利润	73 900.00	—

续上表

项　　目	本月数	本年累计数
加：营业外收入	3 700.00	—
减：营业外支出	53 000.00	—

⑮ 结合营业利润计算填列"利润总额"项目

从本章图 3-6 所示的内容就可以知道利润表中"利润总额"项目的填报规则，它反映的是企业实现的利润；若为亏损，以"-"号填列。该项目应根据"本年利润"科目的发生额分析填列。

下面直接通过一个案例学习利润表中"利润总额"项目的填报。

实例分析

填列利润表中的"利润总额"项目

以本章前述案例的数据为基础，计算填列利润表中的"利润总额"项目的"本期金额"或"本月数"栏的列报金额，见表 3-14。

表 3-14　填列 2×22 年 10 月利润表中的"利润总额"项目

编制单位：××公司　　　　　2×22 年 10 月　　　　　会企 02 表
　　　　　　　　　　　　　　　　　　　　　　　　　　单位：元

项　　目	本月数	本年累计数
……	……	—
二、营业利润	73 900.00	—
加：营业外收入	3 700.00	—
减：营业外支出	53 000.00	—
三、利润总额	24 600.00	—

该利润表中的"利润总额"项目所填列的金额 24 600.00 元，是根据下列计算公式得来的。

"利润总额"项目金额 =73 900.00+3 700.00-53 000.00=24 600.00（元）

注意，如果按照规定方法计算出的"利润总额"项目的金额为负数，则以"−"号填列。

四、最后列报所得税费用和净利润

利润总额是企业在期末时实实在在获取的收益吗？当然不算。利润总额也叫税前利润，是不考虑企业应缴纳企业所得税时核算出的当期总共利润。而想知道企业当期最终能否实现盈利？如果能，可以获得多少净利润？这就需要考虑当期所得税费用了。

⑯ 简单了解"所得税费用"项目的填列

所得税费用包括两个部分，如图3-12所示。

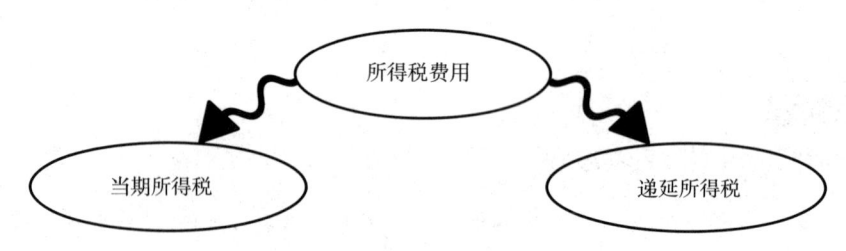

图3-12 所得税费用的内容

其中，递延所得税又包括递延所得税资产和递延所得税负债，它的确认比较复杂，这里我们不作介绍，只关注当期所得税。

当期所得税指当期应交所得税，它是企业按照企业所得税法规定计算确定的针对当期发生的交易和事项，应缴纳给税务部门的所得税金额。通常根据以下公式进行计算。

当期应交所得税 = 当期应纳税所得额 × 所得税税率

当期应纳税所得额 = 税前会计利润 + 纳税调整增加额 − 纳税调整减少额

在上述计算公式中，纳税调整增加额主要包括两大类。

①企业所得税法规定允许扣除项目中，企业已计入当期费用但超过税法规定扣除标准的金额，如超过企业所得税法规定标准的职工福利费、工会经费、职工教育经费、业务招待费、公益性捐赠支出、广告费和业务宣传费等。

②企业已计入当期损失但企业所得税法规定不允许扣除项目的金额，如税收滞纳金、罚金和罚款等。

而纳税调整减少额主要包括按照企业所得税法规定允许弥补的亏损和准予免税的项目，如前五年内未弥补亏损和国债利息收入等。

而利润表中的"所得税费用"项目，反映的是企业应从当期利润总额中扣除的所得税费用。该项目应根据"所得税费用"科目的发生额分析填列。

由于纳税调整增加额、纳税调整减少额和递延所得税的考量比较复杂，因此这里只作"简单了解"。下面以不考虑这些因素的情况为例，看看怎么填报利润表中的"所得税费用"项目。

实例分析

填列利润表中的"所得税费用"项目

某公司为食品有限公司，其经营范围包括各类零食的生产和销售，适用的企业所得税税率为25%。2×22年10月"所得税费用"科目的借方发生额合计6 150.00元，期末结转前无贷方发生额。假设该公司当月不存在纳税调整事项，也没有递延所得税。

所以，该公司2×22年10月利润表中"所得税费用"项目的"本期金额"或"本月数"栏的列报金额为6 150.00元，见表3-15。

表3-15 填列2×22年10月利润表中的"所得税费用"项目

编制单位：××公司　　　　2×22年10月　　　　　　　会企02表　单位：元

项　　目	本月数	本年累计数
……	……	—
二、营业利润	73 900.00	—
加：营业外收入	3 700.00	—
减：营业外支出	53 000.00	—
三、利润总额	24 600.00	—
减：所得税费用	6 150.00	—

因为该公司当月不存在纳税调整事项,也没有递延所得税,因此该利润表中的"所得税费用"项目所填列的金额6 150.00元,是根据下列计算公式得来的。

"所得税费用"项目金额 =24 600.00 × 25%=6 150.00(元)

⑰ 结合利润总额计算填列"净利润"项目

利润表中的"净利润"项目,反映的是企业实现的净利润,若为亏损,以"-"号填列。具体在填报时以"利润总额"和"所得税费用"两个项目的金额为基础计算确定。

下面通过一个案例简单说明利润表中的"净利润"项目的填列方法。

实例分析

填列利润表中的"净利润"项目

以本章前述案例的数据为基础,计算填列利润表中的"净利润"项目的"本期金额"或"本月数"栏的列报金额,见表3-16。

表3-16 填列2×22年10月利润表中的"净利润"项目

编制单位:××公司　　　　　2×22年10月　　　　　会企02表
单位:元

项　　目	本月数	本年累计数
……	……	—
二、营业利润	73 900.00	—
加:营业外收入	3 700.00	—
减:营业外支出	53 000.00	—
三、利润总额	24 600.00	—
减:所得税费用	6 150.00	—
四、净利润	18 450.00	—

> 该利润表中的"净利润"项目所填列的金额 18 450.00 元,是根据下列计算公式得来的。
>
> "净利润"项目金额 =24 600.00-6 150.00=18 450.00(元)

注意,如果按照规定方法计算出的"净利润"项目的金额为负数,则以"-"号填列。

实际上,对于报表初学者来说,利润表学到这里也就足够了。但是,利润表中还有一些项目对于某些公司来说是很重要的,我们将在下一小节进行简单介绍。

⑱ 了解利润表中的其他综合收益

其他综合收益是指企业根据其他会计准则规定未在当期损益中确认的各项利得和损失。

实际上,我们在介绍资产负债表时也涉及了"其他综合收益"项目。然而,利润表中关于其他综合收益的填报,与资产负债表中"其他综合收益"项目的填报是不同的,最主要的项目为"其他综合收益的税后净额",其填报金额的由来可简单参考图 3-13 所示的过程。

①重新计量设定受益计划变动额
②权益法下不能转损益的其他综合收益
③其他权益工具投资公允价值变动
④企业自身信用风险公允价值变动等
→ 不能重分类进损益的其他综合收益

→ 其他综合收益的税后净额

①权益法下可转损益的其他综合收益
②其他债权投资公允价值变动
③金融资产重分类计入其他综合收益的金额
④其他债权投资信用减值准备
⑤现金流量套期准备
⑥外币财务报表折算差额等
→ 将重分类进损益的其他综合收益

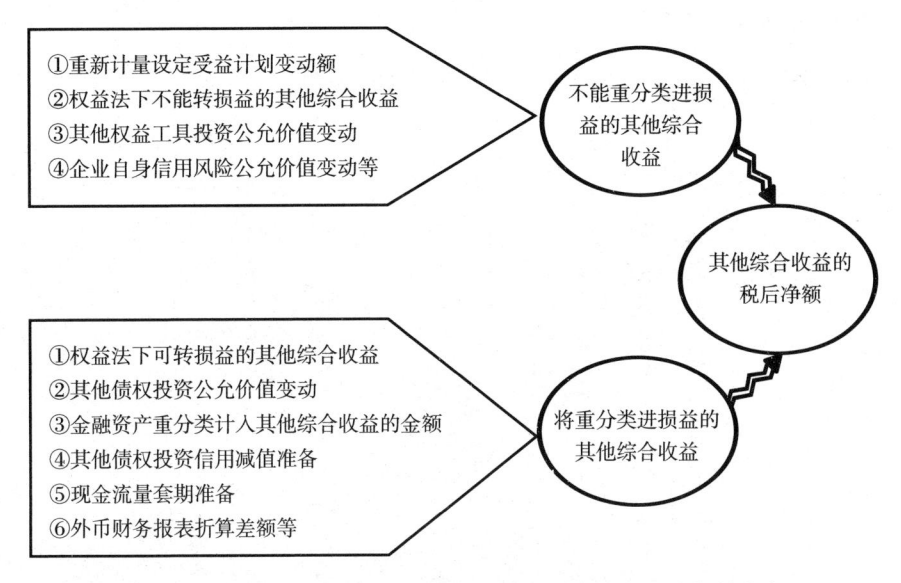

图 3-13 利润表中"其他综合收益的税收净额"项目金额的由来

换句话说，利润表中需要填报关于其他综合收益的这些明细内容。

而关于"其他综合收益的税后净额"项目，反映的是企业根据企业会计准则的规定未在损益中确认的各项利得和损失在扣除所得税影响后的净额。读起来是不是很拗口？我们可以用下列计算公式直观表示。

"其他综合收益的税后净额"项目列报金额＝根据企业会计准则的规定未在损益中确认的各项利得和损失－所得税影响金额

报表阅读者通过"净利润"项目和"其他综合收益的税后净额"项目，就可以知道企业的"综合收益总额"，这也是利润表中的一个重要项目。

"综合收益总额"项目反映的是企业净利润与其他综合收益的税后净额的合计金额。换句话说，只要算出了净利润和其他综合收益的税后净额，就能算出综合收益总额。

至于"每股收益"项目，它又包括基本每股收益和稀释每股收益两项指标，反映的是普通股或潜在普通股已公开交易的企业，以及正处于公开发行普通股或潜在普通股过程中的企业的每股收益信息。因此，只有发行了股票的企业在编制利润表时才会涉及该项目的填报，这里就不作详解了。

至此，对利润表的了解就差不多了。

第四章　明确现金流向，查现金流量表

企业经营顺不顺畅，很大程度上取决于资金是否充足，流动性是否足够大。如果发现企业存在资金周转不灵的情况，又该如何查资金去了哪里，或者用在了经营管理活动中的哪些方面呢？因此，要做好企业的资金流管理，就需要看懂现金流量表。

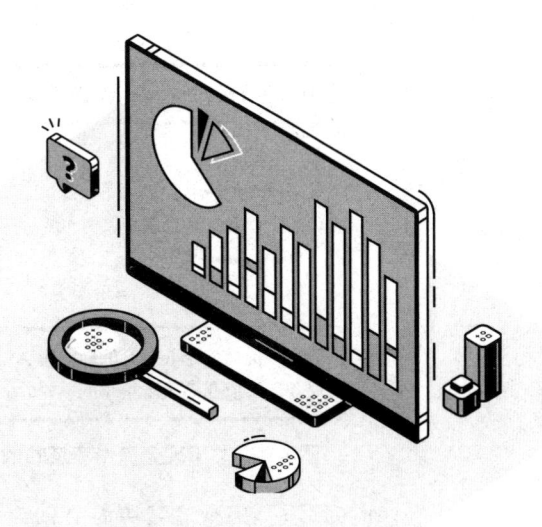

- 现金流量表的"三宝"
- 企业经营活动产生的现金流
- 企业投资活动产生的现金流
- 企业筹资活动产生的现金流

一、现金流量表的"三宝"

如果让你评价一个企业现金流情况的好坏，你会从哪些方面去分析呢？可能你会觉得毫无头绪。为此，你需要从大致结构入手了解现金流量表，这样你就会知道，需要从经营活动现金流量、投资活动现金流量和筹资活动现金流量这三个方面去分析。

01 熟悉现金流量表的常用格式

现金流量表中的数据集中体现了企业现金流的"来去"方向，对报表使用者了解企业的现金流动情况有非常重要的作用。

根据我国《企业会计准则第 31 号——现金流量表》的规定，现金流量表是指反映企业在一定会计期间现金和现金等价物流入和流出的报表。对于这一概念中的关键词"现金"和"现金等价物"，该准则也作了说明，如图 4-1 所示。

现金指企业的库存现金以及可以随时用于支付的存款

现金

现金等价物

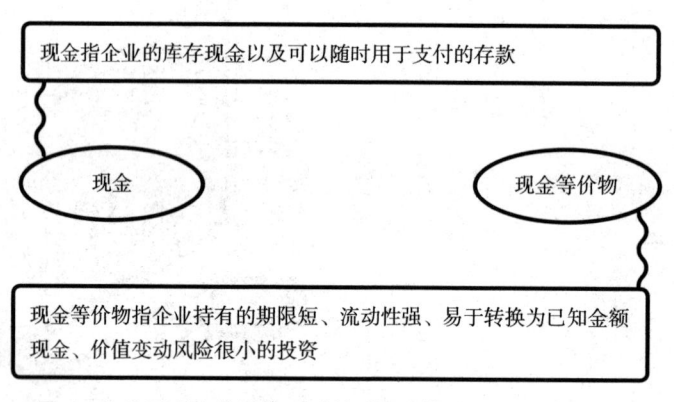

现金等价物指企业持有的期限短、流动性强、易于转换为已知金额现金、价值变动风险很小的投资

图 4-1 关于现金流量表反映的"现金"和"现金等价物"

该准则还规定，现金流量表应分别列示经营活动、投资活动和筹资活动的现金流量，所以其大致样式见表 4-1 所示。

从表 4-1 中展示的现金流量表样式来看，该表属于上下结构的报表，从上往下依次列示"经营活动产生的现金流量"、"投资活动产生的现金流量"和"筹资活动产生的现金流量"这三个方面的现金流情况。而各个方面的现金流来源及去向，会通过具体的项目进行列示。

表 4-1 适用于已执行新金融准则、新收入准则和新租赁准则的现金流量表

现金流量表

会企 03 表

编制单位：　　　　　　　　　　　年　　月　　　　　　　　　　　　单位：元

项　　　目	本月金额	本年累计金额
一、经营活动产生的现金流量：		
销售商品、提供劳务收到的现金		
收到的税费返还		
收到其他与经营活动有关的现金		
经营活动现金流入小计		
购买商品、接受劳务支付的现金		
支付给职工以及为职工支付的现金		
支付的各项税费		
支付其他与经营活动有关的现金		
经营活动现金流出小计		
经营活动产生的现金流量净额		
二、投资活动产生的现金流量：		
收回投资收到的现金		
取得投资收益收到的现金		
处置固定资产、无形资产和其他长期资产收回的现金净额		
处置子公司及其他营业单位收到的现金净额		
收到其他与投资活动有关的现金		
投资活动现金流入小计		
购建固定资产、无形资产和其他长期资产支付的现金		
投资支付的现金		
取得子公司及其他营业单位支付的现金净额		
支付其他与投资活动有关的现金		
投资活动现金流出小计		
投资活动产生的现金流量净额		
三、筹资活动产生的现金流量：		
吸收投资收到的现金		
取得借款收到的现金		
收到其他与筹资活动有关的现金		
筹资活动现金流入小计		
偿还债务支付的现金		
分配股利、利润或偿付利息支付的现金		
支付其他与筹资活动有关的现金		
筹资活动现金流出小计		
筹资活动产生的现金流量净额		
四、汇率变动对现金及现金等价物的影响		
五、现金及现金等价物净增加额		
加：期初现金及现金等价物余额		
六、期末现金及现金等价物余额		

单位负责人：　　　　　　　财务主管：　　　　　　　制表人：

另外，现金流量表中各项目也分别对应两栏，即"本月金额"和"本年累计金额"，这两栏的填列规则可以参考利润表。"本月金额"栏填列各项目的本月发生数，"本年累计金额"栏填列各项目从年初至当月月末的累计发生数。

此时，可能有人会问：现金流量表是不是和资产负债表、利润表一样，还有一种适用于未执行新金融准则、新收入准则和新租赁准则的格式呢？其实，适用于未执行新金融准则、新收入准则和新租赁准则的现金流量表与图4-1展示的格式几乎没有差别。

02 如何算出企业的"期末现金及现金等价物余额"

从展示的现金流量表可以看出，最后一个项目是"期末现金及现金等价物余额"。那么它列报的数据是怎么得来的呢？

首先看现金流量表的最末尾，可以知道"现金及现金等价物净增加额""期初现金及现金等价物余额"和"期末现金及现金等价物余额"这三个项目之间有这样的关系。

现金及现金等价物净增加额 + 期初现金及现金等价物余额 = 期末现金及现金等价物余额

从上述计算公式可知，"期末现金及现金等价物余额"项目由"现金及现金等价物净增加额"和"期初现金及现金等价物余额"两个项目的数据相加而来。其中，"期初现金及现金等价物余额"项目的金额通常直接誊抄上期现金流量表的"期末现金及现金等价物余额"的金额数据，那么，该怎么确定"现金及现金等价物净增加额"项目的金额呢？

从现金流量表的结构看，"现金及现金等价物净增加额"项目的金额由经营活动产生的现金流量净额、投资活动产生的现金流量净额、筹资活动产生的现金流量净额和汇率变动对现金及现金等价物的影响这四个部分计算得来……

这样倒推着分析太费事了，现在直接给出"期末现金及现金等价物余额"项目金额的计算过程，如图4-2所示。

要想通过图4-2所示的步骤计算出"期末现金及现金等价物余额"项目的金额，关键还是要重视第01、03、05和07步骤中涉及的各具体现金流量表项目的填报，这就是本章接下来要学习的内容。

按照各项目的填列规则，如实、准确地填报经营活动产生的现金流量情况 —— 01

02 —— 根据"经营活动现金流入小计"和"经营活动现金流出小计"项目，计算出"经营活动产生的现金流量净额"项目的金额

按照各项目的填列规则，如实、准确地填报投资活动产生的现金流量情况 —— 03

04 —— 根据"投资活动现金流入小计"和"投资活动现金流出小计"项目，计算出"投资活动产生的现金流量净额"项目的金额

按照各项目的填列规则，如实、准确地填报筹资活动产生的现金流量情况 —— 05

06 —— 根据"筹资活动现金流入小计"和"筹资活动现金流出小计"项目，计算出"筹资活动产生的现金流量净额"项目的金额

按照实际汇率变动情况，填报"汇率变动对现金及现金等价物的影响"项目的金额 —— 07

08 —— 根据"经营活动产生的现金流量净额"、"投资活动产生的现金流量净额"、"筹资活动产生的现金流量净额"和"汇率变动对现金及现金等价物的影响"项目的金额，计算出"现金及现金等价物净增加额"项目的金额

用算出的"现金及现金等价物净增加额"项目的金额，加上"期初现金及现金等价物余额"项目的金额，就可以求得"期末现金及现金等价物余额"项目的金额 —— 09

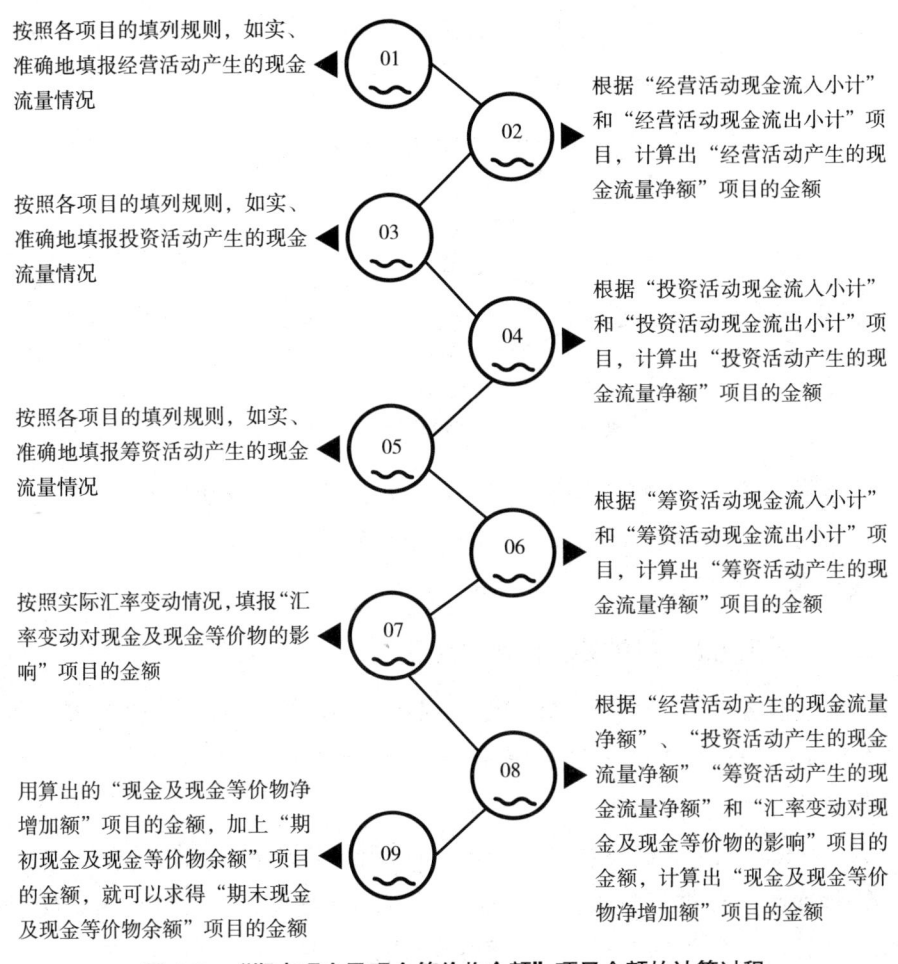

图 4-2 "期末现金及现金等价物余额"项目金额的计算过程

二、企业经营活动产生的现金流

这是重中之重！企业日常经营活动是最重要，也是最频繁的经济活动，其产生的现金流量可以说是企业整个现金流的主要组成部分。当然，在实际填报时，这部分现金流的确定是比较复杂的。我们只从理论上来了解各项目如何填列。

03 哪些经营活动产生现金流入量

啥是现金流入量？顾名思义，就是使企业现金增加的现金流，也是流入企业的现金流。

81

而经营活动产生的现金流入量,就是指在经营活动中流入企业的现金流量。它主要包括三大类,如图4-3所示。

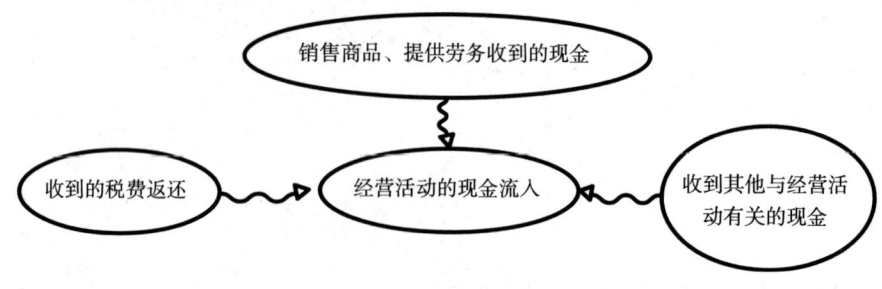

图4-3 经营活动的现金流入项目

从这些项目的名称中可以看到,都有"收到"二字,这也就能反映这些是企业经营活动产生的现金"流入"。对于这三类经营活动产生的现金流入,我们分别详细介绍。

(1) 销售商品、提供劳务收到的现金

企业经营活动中,销售商品、提供劳务收到的现金,包括企业本期销售商品或提供劳务收到的现金、前期销售商品在本期收到的现金以及本期预收的以后期间销售商品或提供劳务的现金。

为了简化填报现金流量表时的工作,可以利用下列计算公式:

销售商品、提供劳务收到的现金 = "主营业务收入"科目期末结转前的余额 + "其他业务收入"科目期末结转前的余额 + 应收账款减少额(或减去增加额)+ 预收账款增加额

要注意,如果企业当月有核销的坏账损失,需要从该项目的金额中减去;如果有坏账收回,应在该项目中加上相应的收回金额。

下面来看一个简单的案例。

> **实例分析**
>
> **填列"销售商品、提供劳务收到的现金"项目**
>
> 2×22年10月,某公司收到当月发生的销售商品收入共252 000.00元,同时收回前期的应收账款共70 000.00元,当月还收到以后期间开展的销售

商品活动的预收账款共30 000.00元。因此，当月现金流量表中，经营活动产生的现金流量中的"销售商品、提供劳务收到的现金"项目的"本月金额"或"本月数"栏内应填写的金额计算如下：

销售商品、提供劳务收到的现金 =252 000.00+70 000.00+30 000.00= 352 000.00（元）

在现金流量表中的填写见表4-2。

表4-2 填列"销售商品、提供劳务收到的现金"项目

会企03表

编制单位：××公司　　　　　　　2×22年10月　　　　　　　　　　单位：元

项　　目	本月金额	本年累计金额
一、经营活动产生的现金流量：		
销售商品、提供劳务收到的现金	352 000.00	—

（2）收到的税费返还

现金流量表中，"收到的税费返还"项目反映的是企业收到的所得税、增值税和消费税等各种税费的返还款。

同样，为了简化填报现金流量表时的工作，可以利用下列计算公式。

收到的税费返还 = 收到增值税返还 + 收到出口退税 + 收到所得税返还 + 其他的税费返还

下面也通过一个简单的案例来说明该项目的填报。

实例分析

填列"收到的税费返还"项目

2×22年10月，某公司收到税务机关返还的增值税共5 200.00元，收到的出口退税共4 800.00元。因此，当月现金流量表中，经营活动产生的现金流量中的"收到的税费返还"项目的"本月金额"或"本月数"栏内应填写的金额计算如下：

收到的税费返还 =5 200.00+4 800.00=10 000.00（元）

在现金流量表中的填写见表 4-3。

表 4-3　填列"收到的税费返还"项目

编制单位：××公司　　　　　2×22 年 10 月　　　　　会企 03 表
　　　　　　　　　　　　　　　　　　　　　　　　　单位：元

项　　目	本月金额	本年累计金额
一、经营活动产生的现金流量：		
销售商品、提供劳务收到的现金	352 000.00	—
收到的税费返还	10 000.00	—

（3）收到其他与经营活动有关的现金

现金流量表中，"收到其他与经营活动有关的现金"项目反映的是企业经营租赁收到的租金等其他与经营活动有关的现金流入。

在开展填报工作时，可以利用下列计算公式，简化工作。

收到其他与经营活动有关的现金 = "营业外收入"科目期末结转前的余额 + "其他业务收入"科目期末结转前的余额扣除已计入销售商品、提供劳务收到的现金部分后的金额 + 其他应收款减少额 − 其他应付款的增加额

下面来看一个简单的案例。

实例分析

填列"收到其他与经营活动有关的现金"项目

2×22 年 10 月，某公司因其他业务和其他与经营活动有关的交易事项收到的需要计入现金流量表中"收到其他与经营活动有关的现金"项目的金额共 14 500.00 元。因此，当月现金流量表中，经营活动产生的现金流量中的"收到的税费返还"项目的"本月金额"或"本月数"栏内应填写的金额为 14 500.00 元。

在现金流量表中的填写见表 4-4。

表 4-4 填列"收到其他与经营活动有关的现金"项目

编制单位：××公司　　　　　　2×22年10月　　　　　　会企03表
　　　　　　　　　　　　　　　　　　　　　　　　　　　　单位：元

项　　目	本月金额	本年累计金额
一、经营活动产生的现金流量：		
销售商品、提供劳务收到的现金	352 000.00	—
收到的税费返还	10 000.00	—
收到其他与经营活动有关的现金	14 500.00	—

注意，企业收到的现金捐赠收入，不计入"收到其他与经营活动有关的现金"项目中。

到此，经营活动产生的现金流入的相关项目就填列完毕，此时需要统计出"经营活动现金流入小计"项目的"本月金额"或"本月数"栏内应填列的金额，见表4-5。

表 4-5 填列"经营活动现金流入小计"项目

编制单位：××公司　　　　　　2×22年10月　　　　　　会企03表
　　　　　　　　　　　　　　　　　　　　　　　　　　　　单位：元

项　　目	本月金额	本年累计金额
一、经营活动产生的现金流量：		
销售商品、提供劳务收到的现金	352 000.00	—
收到的税费返还	10 000.00	—
收到其他与经营活动有关的现金	14 500.00	—
经营活动现金流入小计	376 500.00	—

表4-5中，"经营活动现金流入小计"项目填列的金额376 500.00元，是根据下列计算公式得来。

"经营活动现金流入小计"项目金额 =352 000.00+10 000.00+14 500.00=376 500.00（元）

04 哪些经营活动产生现金流出量

现金流出量与现金流入量相对应，就是使企业现金减少的现金流，也是流出企业的现金流。

而经营活动产生的现金流出量，就是指在经营活动中流出企业的现金流量。它主要包括四大类，如图4-4所示。

```
         ①                              ②
  购买商品、接受劳务支付的现金      支付给职工以及为职工支付的现金
         ────────── 经营活动的四个现金流出项目 ──────────
     支付的各项税费                支付其他与经营活动有关的现金
         ③                              ④
```

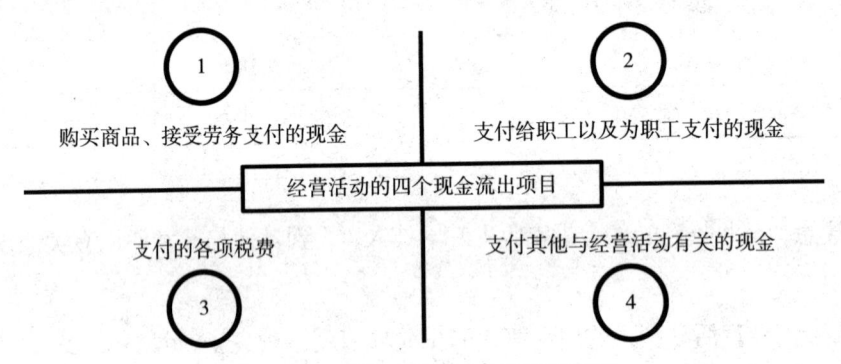

图4-4　经营活动的四个现金流出项目

从这些项目的名称中可以看到，都有"支付"二字，这也就能反映这些是企业经营活动产生的现金"流出"。对于这四类经营活动现金流出，下面分别详细介绍。

（1）购买商品、接受劳务支付的现金

企业经营活动中，购买商品、接受劳务支付的现金，包括企业当期购买商品或接受劳务支付的现金、当期支付的前期购买商品或接受劳务的应付账款以及为了购买商品或接受劳务而提前支付的预付款项。

在填报该项目时，需要结合"原材料"、"劳务成本"、"库存现金"和"银行存款"等科目的发生额分析计算填列。

> **实例分析**
>
> **填列"购买商品、接受劳务支付的现金"项目**
>
> 2×22年10月，某公司为了购买原材料而支付货款65 000.00元，支付上月应付供应商的材料款50 000.00元，同时本月还向供应商预付了以后期间收

货的材料款 15 000.00 元。因此，当月现金流量表中，经营活动产生的现金流量中的"购买商品、接受劳务支付的现金"项目的"本月金额"或"本月数"栏内应填写的金额计算如下：

购买商品、接受劳务支付的现金 =65 000.00+50 000.00+15 000.00=130 000.00（元）

在现金流量表中的填写见表 4-6。

表 4-6　填列"购买商品、接受劳务支付的现金"项目

编制单位：××公司　　　　　2×22 年 10 月　　　　　会企 03 表　单位：元

项　　目	本月金额	本年累计金额
一、经营活动产生的现金流量：		
销售商品、提供劳务收到的现金	352 000.00	—
收到的税费返还	10 000.00	—
收到其他与经营活动有关的现金	14 500.00	—
经营活动现金流入小计	376 500.00	—
购买商品、接受劳务支付的现金	130 000.00	—

（2）支付给职工以及为职工支付的现金

现金流量表中，"支付给职工以及为职工支付的现金"项目反映的是企业实际支付给职工的现金以及为职工支付的现金，包括本期实际支付给职工的工资、奖金、津贴和补贴等，以及为职工支付的其他费用，但不包括支付给离退休人员的各项费用和支付给在建工程人员的工资等。

所以，企业为员工支付的养老保险、失业保险、工伤保险、医疗保险和生育保险等社保和医保费用，以及为他们支付的补充养老保险、住房困难补助、商业保险和其他支付给职工或为职工支付的其他福利费用等，应根据他们的工作性质和服务对象，分别在该项目和"购建固定资产、无形资产和其他长期资产支付的现金"项目中反映。

换句话说，企业为在建工程员工和研发无形资产员工支付的上述福利费用，应在"购建固定资产、无形资产和其他长期资产支付的现金"项目中反映。

在填报该项目时，需要结合"应付职工薪酬""其他应付款""库存现金"和"银行存款"等科目的发生额分析计算填列。

实例分析

填列"支付给职工以及为职工支付的现金"项目

2×22年10月，某公司以银行存款实际向职工支付工资共156 000.00元，为职工支付的工会经费共6 600.00元，职工教育经费2 500.00元，假设不涉及在建工程人员工资和研发人员工资。因此，当月现金流量表中，经营活动产生的现金流量中的"支付给职工以及为职工支付的现金"项目的"本月金额"或"本月数"栏内应填写的金额计算如下：

支付给职工以及为职工支付的现金 = 156 000.00 + 6 600.00 + 2 500.00 = 165 100.00（元）

在现金流量表中的填写见表4-7。

表4-7 填列"支付给职工以及为职工支付的现金"项目

会企03表

编制单位：××公司　　　　　2×22年10月　　　　　　单位：元

项　目	本月金额	本年累计金额
一、经营活动产生的现金流量：		
销售商品、提供劳务收到的现金	352 000.00	—
收到的税费返还	10 000.00	—
收到其他与经营活动有关的现金	14 500.00	—
经营活动现金流入小计	376 500.00	—
购买商品、接受劳务支付的现金	130 000.00	—
支付给职工以及为职工支付的现金	165 100.00	—

（3）支付的各项税费

现金流量表中，"支付的各项税费"项目反映的是企业当期实际以现金支付的各项税费，包括企业应交的增值税、消费税、关税、城市维护建设税、教育费附加、地方教育附加、企业所得税、印花税、房产税和土地增值税等。注意，企业为员工代扣代缴的个人所得税不在该项目中列示。

在填报该项目时，需要结合"应交税费"和"银行存款"等科目的发生额分析计算填列。

实例分析

填列"支付的各项税费"项目

2×22年10月，某公司支付增值税共12 300.00元，城市维护建设税、教育费附加和地方教育附加共1 230.00元，支付企业所得税共5 842.50元。

因此，当月现金流量表中，经营活动产生的现金流量中的"支付的各项税费"项目的"本月金额"或"本月数"栏内应填写的金额计算如下：

支付的各项税费 =12 300.00+1 230.00+5 842.50=19 372.50（元）

在现金流量表中的填写见表4-8。

表4-8 填列"支付的各项税费"项目

编制单位：××公司　　　　　2×22年10月　　　　　　　会企03表
　　　　　　　　　　　　　　　　　　　　　　　　　　　　单位：元

项　目	本月金额	本年累计金额
一、经营活动产生的现金流量：		
销售商品、提供劳务收到的现金	352 000.00	—
收到的税费返还	10 000.00	—
收到其他与经营活动有关的现金	14 500.00	—
经营活动现金流入小计	376 500.00	—
购买商品、接受劳务支付的现金	130 000.00	—
支付给职工以及为职工支付的现金	165 100.00	—
支付的各项税费	19 372.50	—

（4）支付其他与经营活动有关的现金

现金流量表中，"支付其他与经营活动有关的现金"项目反映的是企业支付的差旅费、业务招待费、保险费和罚款支出等与经营活动有关的其他现金支出。注意，这里的保险费主要指企业运输货物的过程中发生的保险费支出。

在填报该项目时，需要结合"管理费用"、"销售费用"、"其他应收款"、"营业外支出"、"库存现金"和"银行存款"等科目的发生额分析计算填列。

实例分析

填列"支付其他与经营活动有关的现金"项目

2×22年10月，某公司支付员工差旅费共3 000.00元，业务招待费共2 800.00元，为运输货物支付保险费300.00元，支付罚款120.00元。因此，当月现金流量表中，经营活动产生的现金流量中的"支付其他与经营活动有关的现金"项目的"本月金额"或"本月数"栏内应填写的金额计算如下：

支付其他与经营活动有关的现金=3 000.00+2 800.00+300.00+120.00=6 220.00（元）

在现金流量表中的填写见表4-9。

表4-9 填列"支付其他与经营活动有关的现金"项目

会企03表

编制单位：××公司　　　　　2×22年10月　　　　　　　　　　单位：元

项　　目	本月金额	本年累计金额
一、经营活动产生的现金流量：		
销售商品、提供劳务收到的现金	352 000.00	—
收到的税费返还	10 000.00	—
收到其他与经营活动有关的现金	14 500.00	—
经营活动现金流入小计	376 500.00	—
购买商品、接受劳务支付的现金	130 000.00	—
支付给职工以及为职工支付的现金	165 100.00	—
支付的各项税费	19 372.50	—
支付其他与经营活动有关的现金	6 220.00	—

到此，经营活动产生的现金流出的相关项目就填列完毕，此时需要统计出"经营活动现金流出小计"项目的"本月金额"或"本月数"栏内应填列的金额，见表 4-10。

表 4-10 填列"经营活动现金流出小计"项目

编制单位：××公司　　　　　2×22年10　　　　　　　　　　　会企03表
单位：元

项　目	本月金额	本年累计金额
一、经营活动产生的现金流量：		
销售商品、提供劳务收到的现金	352 000.00	—
收到的税费返还	10 000.00	—
收到其他与经营活动有关的现金	14 500.00	—
经营活动现金流入小计	376 500.00	—
购买商品、接受劳务支付的现金	130 000.00	—
支付给职工以及为职工支付的现金	165 100.00	—
支付的各项税费	19 372.50	—
支付其他与经营活动有关的现金	6 220.00	—
经营活动现金流出小计	320 692.50	

表 4-10 中，"经营活动现金流出小计"项目填列的金额 320 692.50 元，是根据下列计算公式得来。

"经营活动现金流出小计"项目金额 =130 000.00+165 100.00+19 372.50+6 220.00=320 692.50（元）

⑤ 计算填列经营活动产生的现金流量净额

对于企业来说，分别了解经营活动产生的现金流入和现金流出，可以知道企业的资金具体从哪些方面来，又流向哪些方面。但最终要知道企业的现金流量净额，还需要将流入量和流出量进行相互抵销，然后得出"经营活动产生的现金流量净额"项目需要填列的金额。

这样一来，企业就可以通过该项目了解因为经营活动最终产生了多少流量，这些流量总体来看是流入企业还是流出企业。图 4-5 为"经营活动产生的现金流量净额"项目与"经营活动现金流入小计"和"经营活动现金流出小计"之间的两种关系。

经营活动现金流入小计 － 经营活动现金流出小计 ＝ 经营活动产生的现金流量净额（为正数，流入企业）

经营活动现金流入小计 － 经营活动现金流出小计 ＝ 经营活动产生的现金流量净额（为负数，流出企业）

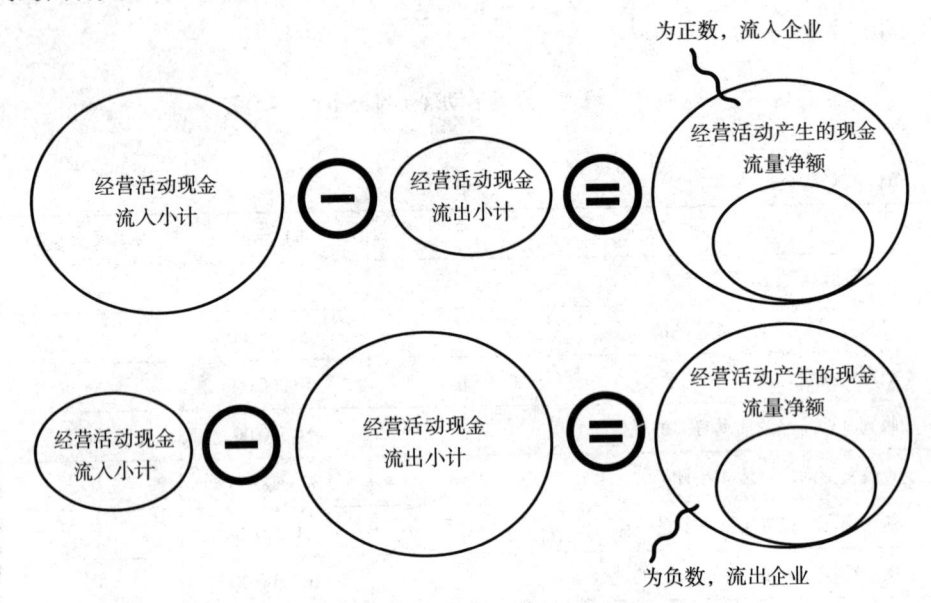

图 4-5　经营活动中现金流入、流出与净额之间的关系

所以，经营活动产生的现金流量净额可以是正数，也可以是负数。

实例分析

填列"经营活动产生的现金流量净额"项目

以本章前述案例的数据为基础，计算填列现金流量表中的"经营活动产生的现金流量净额"项目的"本月金额"或"本月数"栏的列报金额，见表4-11。

表 4-11　填列"经营活动产生的现金流量净额"项目

会企03表
单位：元

编制单位：××公司　　　　　　　2×22年10月

项　　目	本月金额	本年累计金额
一、经营活动产生的现金流量：		
销售商品、提供劳务收到的现金	352 000.00	—
收到的税费返还	10 000.00	—

续上表

项 目	本月金额	本年累计金额
收到其他与经营活动有关的现金	14 500.00	—
经营活动现金流入小计	376 500.00	—
购买商品、接受劳务支付的现金	130 000.00	
支付给职工以及为职工支付的现金	165 100.00	
支付的各项税费	19 372.50	
支付其他与经营活动有关的现金	6 220.00	
经营活动现金流出小计	320 692.50	
经营活动产生的现金流量净额	55 807.50	

该现金流量表中的"经营活动产生的现金流量净额"项目所填列的金额55 807.50元，是根据下列计算公式得来：

"经营活动产生的现金流量净额"项目金额 =376 500.00－320 692.50= 55 807.50（元）

至此，一家企业月度现金流量表的经营活动类现金流入和流出项目的填报就完成了。这里要说明的是，案例所举例子都是比较简单的，直接给出了可以计入相关项目的现金流入和现金流出情况，方便读者学习，轻松掌握现金流量表入门级的填报操作。

三、企业投资活动产生的现金流

如果你以为的企业投资活动，只是购买外单位股票或者债券，那么你在填报现金流量表时一定会出错。为什么呢？因为现金流量表体现的企业投资活动，还包括企业购建或处置固定资产、无形资产和其他长期资产等，不仅仅停留在对外投资方面，对内投资也要算。

06 哪些投资活动产生现金流入量

企业投资活动产生的现金流入量，从字面意思理解，就是企业开展投资活动引起的流入企业内部的现金流量。它主要包括五大类，如图 4-6 所示。

01 ◀ 收回投资收到的现金

02 ▶ 取得投资收益收到的现金

03 ◀ 处置固定资产、无形资产和其他长期资产收回的现金净额

04 ▶ 处置子公司及其他营业单位收到的现金净额

05 ◀ 收到其他与投资活动有关的现金

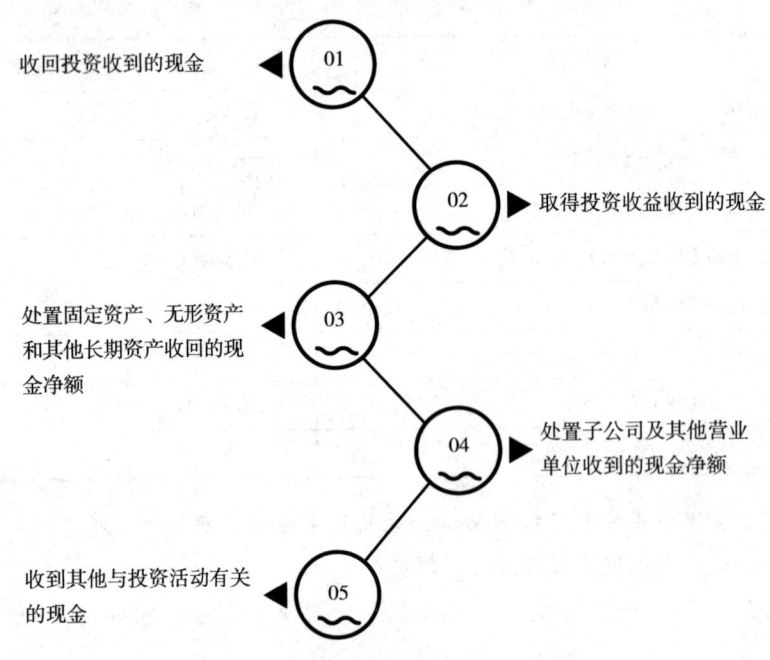

图 4-6　投资活动的现金流入项目

从这些项目的名称中我们也可以看到，都有"收到"二字，也就能反映这些是企业投资活动产生的现金"流入"。对于这五类投资活动现金流入，下面分别详细介绍。

（1）收回投资收到的现金

在现金流量表中，"收回投资收到的现金"项目反映的是企业出售、转让或到期收回除现金等价物以外的交易性金融资产和长期股权投资等收到的现金。但是要注意以下三点。

①长期债券投资收回的利息不在该项目中列示。

②收回的非现金资产不在该项目中列示。

③处置固定资产、无形资产和其他长期资产等收回的现金不在该项目中列示。

在填报该项目时，需要结合"长期股权投资""交易性金融资产"等科目的贷方发生额以及"银行存款"科目分析计算填列。

下面来看一个简单的案例。

实例分析

填列"收回投资收到的现金"项目

2×22年10月，某公司为了获取经营用资金，当月收回长期股权投资共150 000.00元，不含因该投资获取的收益；收回长期债券投资52 500.00元，其中2 500.00元为债券利息收入。因此，当月现金流量表中，投资活动产生的现金流量中的"收回投资收到的现金"项目的"本月金额"或"本月数"栏内应填写的金额计算如下：

收回投资收到的现金 =150 000.00+（52 500.00-2 500.00）=200 000.00（元）

这里的"（52 500.00-2 500.00）"是指减去债券投资利息收入后的收回债券投资收到的现金。这是因为长期债券投资收回的利息不在"收回投资收到的现金"项目中列示，所以要从总的收到金额52 500.00元中扣除利息部分的2 500.00元。

在现金流量表中的填写见表4-12。

表4-12 填列"收回投资收到的现金"项目

会企03表

编制单位：××公司　　　　　2×22年10月　　　　　　　　单位：元

项　　目	本月金额	本年累计金额
……	……	……
二、投资活动产生的现金流量：		
收回投资收到的现金	200 000.00	—

（2）取得投资收益收到的现金

现金流量表中，"取得投资收益收到的现金"项目反映的是企业因为投资活动而收到的现金股利、利润分红及利息等。

拓展贴士　*现金股利、利润分红和利息的区别*

现金股利是指被投资企业以现金形式分配给股东的股利，或者可以说投资企业收到的现金形式的股东股利。利润分红一般指利润分享制，是企业每年年终时，首先按一定比例提取一部分企业总利润构成"分红基金",然后根据员工的业绩状况确定分配数额,最后以红利形式发放的劳动收入。利息包括存款利息、贷款利息和各种债券发生的利息。

下面来看一个案例。

实例分析

填列"取得投资收益收到的现金"项目

2×22年10月,某公司因为前期对外投资收到外单位分配的现金股利120 000.00元,另外还取得债券利息2 500.00元。因此,当月现金流量表中,投资活动产生的现金流量中的"取得投资收益收到的现金"项目的"本月金额"或"本月数"栏内应填写的金额计算如下:

取得投资收益收到的现金=120 000.00+2 500.00=122 500.00(元)

在现金流量表中的填写见表4-13。

表4-13 填列"取得投资收益收到的现金"项目

编制单位:××公司　　　　2×22年10月　　　　　　　　　会企03表
　　　　　　　　　　　　　　　　　　　　　　　　　　　　　单位:元

项　　目	本月金额	本年累计金额
……	……	……
二、投资活动产生的现金流量:		
收回投资收到的现金	200 000.00	—
取得投资收益收到的现金	122 500.00	—

(3)处置固定资产、无形资产和其他长期资产收回的现金净额

在现金流量表中,"处置固定资产、无形资产和其他长期资产收回的现金净额"项目反映的是企业处置固定资产、无形资产和其他长期资产所取得的现金,再扣除为了处置这些资产所支付的相关费用后的净额。

特别要注意,由于自然灾害等遭受损失而收到的保险赔偿,也在该项目中列示。

> **实例分析**
>
> **填列"处置固定资产、无形资产和其他长期资产收回的现金净额"项目**
>
> 2×22年10月,某公司将一批老化的电脑进行出售处置,收到现金共8 600.00元,同时还发生了清理费用300.00元。因此,当月现金流量表中,投资活动产生的现金流量中的"处置固定资产、无形资产和其他长期资产收回的现金净额"项目的"本月金额"或"本月数"栏内应填写的金额计算如下:
>
> 处置固定资产、无形资产和其他长期资产收回的现金净额=8 600.00-300.00=8 300.00(元)
>
> 在现金流量表中的填写见表4-14。
>
> 表4-14 填列"处置固定资产、无形资产和其他长期资产收回的现金净额"项目
>
> 编制单位:××公司　　　　2×22年10月　　　　会企03表　单位:元
>
> | 项　目 | 本月金额 | 本年累计金额 |
> | --- | --- | --- |
> | …… | …… | …… |
> | 二、投资活动产生的现金流量: | | |
> | 收回投资收到的现金 | 200 000.00 | — |
> | 取得投资收益收到的现金 | 122 500.00 | — |
> | 处置固定资产、无形资产和其他长期资产收回的现金净额 | 8 300.00 | — |

(4)处置子公司及其他营业单位收到的现金净额

在现金流量表中,"处置子公司及其他营业单位收到的现金净额"项目反映的是企业处置其子公司及其他营业单位所取得的现金,再减去相关处置费用及子公司和其他营业单位所持有的现金及现金等价物后的净额。用下列计算公式表示:

处置子公司及其他营业单位收到的现金净额=企业处置其子公司及其他营业单位取得的现金-相关处置费用-子公司和其他营业单位所持有的现金及现金等价物

为了便于理解，下面我们来看一个简单的案例。

实例分析

填列"处置子公司及其他营业单位收到的现金净额"项目

2×22年10月，某公司处置一个营业单位，收到处置价款600 000.00元，已知处置过程中发生各种处置费用共80 000.00元，假设该营业单位持有了现金及现金等价物共15 000.00元。因此，当月现金流量表中，投资活动产生的现金流量中的"处置子公司及其他营业单位收到的现金净额"项目的"本月金额"或"本月数"栏内应填写的金额计算如下：

处置子公司及其他营业单位收到的现金净额=600 000.00-80 000.00-15 000.00=505 000.00（元）

在现金流量表中的填写见表4-15。

表4-15 填列"处置子公司及其他营业单位收到的现金净额"项目

会企03表

编制单位：××公司　　　　2×22年10月　　　　　　　　单位：元

项　　目	本月金额	本年累计金额
……	……	……
二、投资活动产生的现金流量：		
收回投资收到的现金	200 000.00	—
取得投资收益收到的现金	122 500.00	—
处置固定资产、无形资产和其他长期资产收回的现金净额	8 300.00	—
处置子公司及其他营业单位收到的现金净额	505 000.00	—

（5）收到其他与投资活动有关的现金

在现金流量表中，"收到其他与投资活动有关的现金"项目反映的是除了前述投资活动收到的现金外，收到的其他与投资活动相关的现金。比如，收到购买股票和债券时支付的实际价款中包含的已宣告但尚未领取的现金股利,或者已到付息期但尚未领取的债权利息。

实例分析

填列"收到其他与投资活动有关的现金"项目

2×22年10月,某公司收到了购买股票时支付的实际价款中包含的已宣告但尚未领取的现金股利共40 000.00元,还收到购买债券时支付的实际价款中包含的已到付息期但尚未领取的利息共2 000.00元。因此,当月现金流量表中,投资活动产生的现金流量中的"收到其他与投资活动有关的现金"项目的"本月金额"或"本月数"栏内应填写的金额计算如下:

收到其他与投资活动有关的现金 =40 000.00+2 000.00=42 000.00(元)

在现金流量表中的填写见表4-16。

表4-16 填列"收到其他与投资活动有关的现金"项目

编制单位:××公司　　　　　　2×22年10月　　　　　　　　　　　会企03表
单位:元

项　　目	本月金额	本年累计金额
……	……	……
二、投资活动产生的现金流量:		
收回投资收到的现金	200 000.00	—
取得投资收益收到的现金	122 500.00	—
处置固定资产、无形资产和其他长期资产收回的现金净额	8 300.00	—
处置子公司及其他营业单位收到的现金净额	505 000.00	—
收到其他与投资活动有关的现金	42 000.00	—

到此,投资活动产生的现金流入的相关项目就填列完毕,此时我们需要统计出"投资活动现金流入小计"项目的"本月金额"或"本月数"栏内应填列的金额,见表4-17。

表 4-17　填列"投资活动现金流入小计"项目

编制单位：××公司　　　　　　2×22年10月　　　　　　会企03表
　　　　　　　　　　　　　　　　　　　　　　　　　　　　单位：元

项　目	本月金额	本年累计金额
……	……	……
二、投资活动产生的现金流量：		
收回投资收到的现金	200 000.00	—
取得投资收益收到的现金	122 500.00	—
处置固定资产、无形资产和其他长期资产收回的现金净额	8 300.00	—
处置子公司及其他营业单位收到的现金净额	505 000.00	—
收到其他与投资活动有关的现金	42 000.00	—
投资活动现金流入小计	877 800.00	—

表 4-17 中，"投资活动现金流入小计"项目填列的金额 877 800.00 元，是根据下列计算公式得来。

"投资活动现金流入小计"项目金额 =200 000.00+122 500.00+8 300.00+505 000.00+42 000.00=877 800.00（元）

07　哪些投资活动产生现金流出量

企业投资活动产生的现金流出量，顾名思义，就是企业开展投资活动引起的从企业流出去的现金流量。它主要包括四大类，如图 4-7 所示。

01 购建固定资产、无形资产和其他长期资产支付的现金
02 投资支付的现金
03 取得子公司及其他营业单位支付的现金净额
04 支付其他与投资活动有关的现金

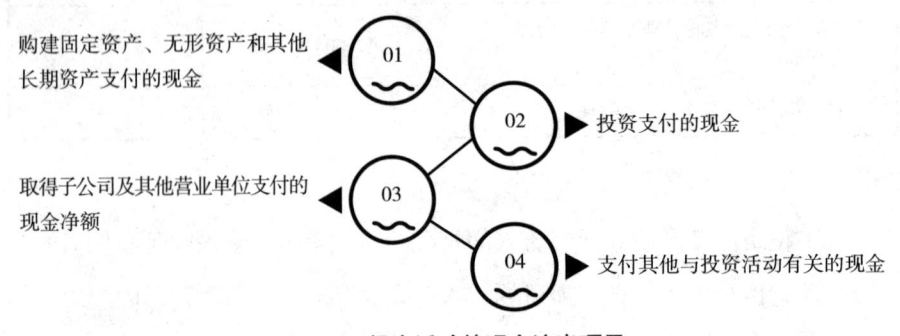

图 4-7　投资活动的现金流出项目

从这些项目的名称中我们可以看到，都有"支付"二字，也就能反映这些是企业投资活动产生的现金"流出"。对于这四类投资活动现金流出，下面分别详细介绍。

（1）购建固定资产、无形资产和其他长期资产支付的现金

现金流量表中，"购建固定资产、无形资产和其他长期资产支付的现金"项目反映的是企业因购买、建造固定资产，取得无形资产和其他长期资产所支付的现金。

注意，为了购建固定资产、无形资产和其他长期资产所发生的借款利息资本化的部分，以及以融资租赁方式租入固定资产所支付的租赁费等，均不在该项目中列示。那么他们列示在哪里呢？

①为购建固定资产、无形资产和其他长期资产所发生的借款利息资本化的部分，应在"分配股利、利润或偿付利息支付的现金"项目中反映。

②融资租入固定资产所支付的租赁费，应在"支付的其他与筹资活动有关的现金"项目中反映。

下面来看一个简单案例。

实例分析

填列"购建固定资产、无形资产和其他长期资产支付的现金"项目

2×22年10月，某公司以银行存款支付新买的生产设备价款320 000.00元，没有需要资本化的借款利息支出。因此，当月现金流量表中，投资活动产生的现金流量中的"购建固定资产、无形资产和其他长期资产支付的现金"项目的"本月金额"或"本月数"栏内应填写的金额为320 000.00元。在现金流量表中的填写见表4-18。

表4-18 填列"购建固定资产、无形资产和其他长期资产支付的现金"项目

会企03表

编制单位：××公司　　　　　2×22年10月　　　　　　　　单位：元

项　目	本月金额	本年累计金额
……	……	……
二、投资活动产生的现金流量：		

续上表

项　　目	本月金额	本年累计金额
收回投资收到的现金	200 000.00	—
取得投资收益收到的现金	122 500.00	—
处置固定资产、无形资产和其他长期资产收回的现金净额	8 300.00	—
处置子公司及其他营业单位收到的现金净额	505 000.00	—
收到其他与投资活动有关的现金	42 000.00	—
投资活动现金流入小计	877 800.00	—
购建固定资产、无形资产和其他长期资产支付的现金	320 000.00	—
经营活动产生的现金流量净额	55 807.50	—

（2）投资支付的现金

现金流量表中，"投资支付的现金"项目反映的是企业进行各种性质的投资活动所支付的现金，包括企业取得长期股权投资、取得债券以及进行短期股票投资等支付的现金。简单理解，可以将该项目归纳为统计上述这些投资活动投入的本金数额。

实例分析

填列"投资支付的现金"项目

2×22年10月，某公司以银行存款80.00万元支付购买外单位20%股权的价款，形成公司的长期股权投资；同时以银行存款30.00万元支付购买外单位发行债券的价款。因此，当月现金流量表中，投资活动产生的现金流量中的"投资支付的现金"项目的"本月金额"或"本月数"栏内应填写的金额计算如下：

投资支付的现金 =800 000.00+300 000.00=1 100 000.00（元）

在现金流量表中的填写见表 4-19。

表 4-19　填列"投资支付的现金"项目

编制单位：××公司　　　　2×22年10月　　　　　　　会企03表
　　　　　　　　　　　　　　　　　　　　　　　　　　　单位：元

项　　目	本月金额	本年累计金额
……	……	……
二、投资活动产生的现金流量：		
收回投资收到的现金	200 000.00	—
取得投资收益收到的现金	122 500.00	—
处置固定资产、无形资产和其他长期资产收回的现金净额	8 300.00	—
处置子公司及其他营业单位收到的现金净额	505 000.00	—
收到其他与投资活动有关的现金	42 000.00	—
投资活动现金流入小计	877 800.00	—
购建固定资产、无形资产和其他长期资产支付的现金	320 000.00	—
投资支付的现金	1 100 000.00	—

（3）取得子公司及其他营业单位支付的现金净额

现金流量表中，"取得子公司及其他营业单位支付的现金净额"项目反映的是企业取得子公司及其他营业单位所支付的价款中以现金支付的部分，再扣除其子公司及其他营业单位持有的现金及现金等价物之后的净额。用计算公式表示为：

取得子公司及其他营业单位支付的现金净额 = 企业取得子公司及其他营业单位所支付的价款中以现金支付的部分 − 其子公司及其他营业单位持有的现金及现金等价物

实例分析

填列"取得子公司及其他营业单位支付的现金净额"项目

2×22年10月,某公司以银行存款60.00万元支付取得的由其控制的营业单位的价款,已知该营业单位拥有现金及现金等价物共15.00万元。因此,当月现金流量表中,投资活动产生的现金流量中的"取得子公司及其他营业单位支付的现金净额"项目的"本月金额"或"本月数"栏内应填写的金额计算如下:

取得子公司及其他营业单位支付的现金净额=600 000.00-150 000.00=450 000.00(元)

在现金流量表中的填写见表4-20。

表4-20 填列"取得子公司及其他营业单位支付的现金净额"项目

编制单位:××公司　　　　　　2×22年10月　　　　　　会企03表
　　　　　　　　　　　　　　　　　　　　　　　　　　　单位:元

项　　目	本月金额	本年累计金额
……	……	……
二、投资活动产生的现金流量:		
收回投资收到的现金	200 000.00	—
取得投资收益收到的现金	122 500.00	—
处置固定资产、无形资产和其他长期资产收回的现金净额	8 300.00	—
处置子公司及其他营业单位收到的现金净额	505 000.00	—
收到其他与投资活动有关的现金	42 000.00	—
投资活动现金流入小计	877 800.00	—
购建固定资产、无形资产和其他长期资产支付的现金	320 000.00	—
投资支付的现金	1 100 000.00	—
取得子公司及其他营业单位支付的现金净额	450 000.00	—

（4）支付其他与投资活动有关的现金

现金流量表中，"支付其他与投资活动有关的现金"项目反映的是企业除了前述投资活动支付的现金以外，支付的其他与投资活动有关的现金。比如，企业购买股票和债券时实际支付的价款中包含的已宣告但尚未发放的现金股利或已到付息期但尚未领取的债券利息。

> **实例分析**
>
> **填列"支付其他与投资活动有关的现金"项目**
>
> 2×22年10月，某公司以银行存款支付了购买股票的价款，其中包括已宣告但尚未发放的现金股利共20 000.00元；支付了购买债券的价款，其中包括已到付息期但尚未领取的利息共2 000.00元，无其他与投资活动有关的现金支出。因此，当月现金流量表中，投资活动产生的现金流量中的"支付其他与投资活动有关的现金"项目的"本月金额"或"本月数"栏内应填写的金额计算如下：
>
> 支付其他与投资活动有关的现金 =20 000.00+2 000.00=22 000.00（元）
>
> 在现金流量表中的填写见表4-21。
>
> **表4-21 填列"支付其他与投资活动有关的现金"项目**
>
> 会企03表
>
> 编制单位：××公司　　　　2×22年10月　　　　单位：元
>
> | 项　　目 | 本月金额 | 本年累计金额 |
> |---|---|---|
> | …… | …… | …… |
> | 二、投资活动产生的现金流量： | | |
> | 收回投资收到的现金 | 200 000.00 | — |
> | 取得投资收益收到的现金 | 122 500.00 | — |
> | 处置固定资产、无形资产和其他长期资产收回的现金净额 | 8 300.00 | — |
> | 处置子公司及其他营业单位收到的现金净额 | 505 000.00 | — |
> | 收到其他与投资活动有关的现金 | 42 000.00 | — |

续上表

项　目	本月金额	本年累计金额
投资活动现金流入小计	877 800.00	—
购建固定资产、无形资产和其他长期资产支付的现金	320 000.00	—
投资支付的现金	1 100 000.00	—
取得子公司及其他营业单位支付的现金净额	450 000.00	—
支付其他与投资活动有关的现金	22 000.00	—
投资活动现金流入小计	877 800.00	—
购建固定资产、无形资产和其他长期资产支付的现金	320 000.00	—
经营活动产生的现金流量净额	55 807.50	—

到此，投资活动产生的现金流出的相关项目就填列完毕，此时我们需要统计出"投资活动现金流出小计"项目的"本月金额"或"本月数"栏内应填列的金额，见表4-22。

表4-22　填列"投资活动现金流出小计"项目

编制单位：××公司　　　　　　　2×22年10月　　　　　　　会企03表
单位：元

项　目	本月金额	本年累计金额
……	……	……
二、投资活动产生的现金流量：		
收回投资收到的现金	200 000.00	—
取得投资收益收到的现金	122 500.00	—
处置固定资产、无形资产和其他长期资产收回的现金净额	8 300.00	—
处置子公司及其他营业单位收到的现金净额	505 000.00	—

续上表

项　　目	本月金额	本年累计金额
收到其他与投资活动有关的现金	42 000.00	—
投资活动现金流入小计	877 800.00	—
购建固定资产、无形资产和其他长期资产支付的现金	320 000.00	—
投资支付的现金	1 100 000.00	—
取得子公司及其他营业单位支付的现金净额	450 000.00	—
支付其他与投资活动有关的现金	22 000.00	—
投资活动现金流出小计	1 892 000.00	—

表 4-22 中，"投资活动现金流出小计"项目填列的金额 1 892 000.00 元，是根据下列计算公式得来。

"投资活动现金流出小计"项目金额 =320 000.00+1 100 000.00+450 000.00+22 000.00=1 892 000.00（元）

08 计算填列投资活动产生的现金流量净额

从投资活动产生的现金流入和现金流出两个角度入手，报表使用者可以知道流入企业的资金中有多少是投资活动产生的，流出企业的资金中有多少是用于投资活动的。但最终要知道企业投资活动产生的现金流量净额，还需要将流入量和流出量进行相互抵销，然后得出"投资活动产生的现金流量净额"项目需要填列的金额。这与"经营活动产生的现金流量净额"项目的填列方法一致。投资活动产生的现金流量净额也可以是正数或负数。

实例分析

填列"投资活动产生的现金流量净额"项目

以本章前述案例的数据为基础，计算填列现金流量表中的"投资活动产生的现金流量净额"项目的"本月金额"或"本月数"栏的列报金额，见表 4-23。

表 4-23 填列"投资活动产生的现金流量净额"项目

编制单位：××公司　　　　　2×22年10月　　　　　会企03表　单位：元

项　目	本月金额	本年累计金额
……	……	……
二、投资活动产生的现金流量：		
收回投资收到的现金	200 000.00	—
取得投资收益收到的现金	122 500.00	—
处置固定资产、无形资产和其他长期资产收回的现金净额	8 300.00	—
处置子公司及其他营业单位收到的现金净额	505 000.00	—
收到其他与投资活动有关的现金	42 000.00	—
投资活动现金流入小计	877 800.00	—
购建固定资产、无形资产和其他长期资产支付的现金	320 000.00	—
投资支付的现金	1 100 000.00	—
取得子公司及其他营业单位支付的现金净额	450 000.00	—
支付其他与投资活动有关的现金	22 000.00	—
投资活动现金流出小计	1 892 000.00	—
投资活动产生的现金流量净额	-1 014 200.00	—

该现金流量表中的"投资活动产生的现金流量净额"项目所填列的金额-1 014 200.00元，是根据下列计算公式得来，表示投资活动产生的现金流量最终体现为流出企业。

"投资活动产生的现金流量净额"项目金额 =877 800.00-1 892 000.00=-1 014 200.00（元）

四、企业筹资活动产生的现金流

什么是筹资活动？简单理解就是筹集资金的活动。如果你创立了一家企业，要保证生产经营活动顺利开展起来，必然需要投入资金，那么资金从哪里来呢？

这就需要筹集资金，包括吸收投资、发行股票以及向金融机构贷款等，这些活动都会产生现金流量。

⑨ 哪些筹资活动产生现金流入量

筹资活动产生的现金流入量，是指在筹资活动中流入企业的现金流量。它主要包括三大类，如图 4-8 所示。

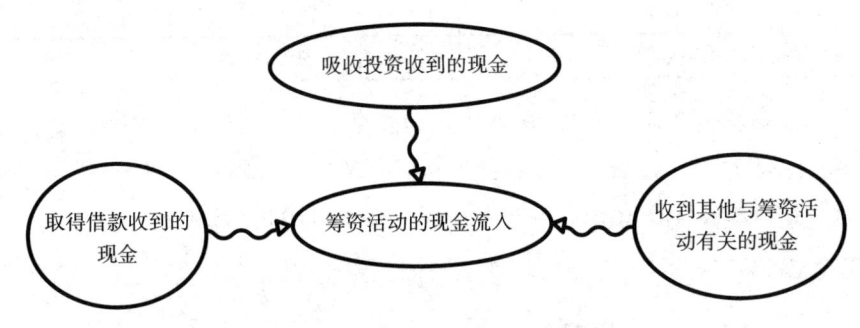

图 4-8　筹资活动现金流入项目

从这些项目的名称中也不难看出，都有"收到"二字，也就反映这些是企业筹资活动产生的现金"流入"。对于这三类筹资活动产生的现金流入，下面分别详细介绍。

（1）吸收投资收到的现金

现金流量表中，"吸收投资收到的现金"项目反映的是企业接受投资者投资或以发行股票、债券等形式筹集资金所收到的现金，再扣除相关发行费用和支付的佣金等后的净额。

下面来看一个简单的例子。

> **实例分析**
>
> **填列"吸收投资收到的现金"项目**
>
> 2×22 年 10 月，某公司的某位投资者向公司追加 50.00 万元的投资，以银行存款支付，全部作为实收资本入账。因此，当月现金流量表中，筹资活动产生的现金流量中的"吸收投资收到的现金"项目的"本月金额"或"本月数"

栏内应填写的金额为 500 000.00 元。在现金流量表中的填写见表 4-24。

表 4-24　填列"吸收投资收到的现金"项目

编制单位：××公司　　　　　　　2×22 年 10 月　　　　　　　会企 03 表
　　　　　　　　　　　　　　　　　　　　　　　　　　　　　　单位：元

项　目	本月金额	本年累计金额
……	……	……
三、筹资活动产生的现金流量：		
吸收投资收到的现金	500 000.00	—

如果该公司是向外发行 50.00 万元的股票，假设期间发生了相关发行费用共 500.00 元，那么，此时"吸收投资收到的现金"项目的"本月金额"或"本月数"栏内应填写的金额为 499 500.00 元（500 000.00−500.00）。

（2）取得借款收到的现金

现金流量表中，"取得借款收到的现金"项目反映的是企业从银行等金融机构取得短期借款和长期借款所收到的现金。该项目应根据"短期借款"和"长期借款"科目的发生额分析填列。

实例分析

填列"取得借款收到的现金"项目

2×22 年 10 月，某公司向开户行申请期限为一年的短期借款 60.00 万元，款项已全部存入银行账户。因此，当月现金流量表中，筹资活动产生的现金流量中的"取得借款收到的现金"项目的"本月金额"或"本月数"栏内应填写的金额为 600 000.00 元。在现金流量表中的填写见表 4-25。

表 4-25　填列"取得借款收到的现金"项目

编制单位：××公司　　　　　　　2×22 年 10 月　　　　　　　会企 03 表
　　　　　　　　　　　　　　　　　　　　　　　　　　　　　　单位：元

项　目	本月金额	本年累计金额
……	……	……

续上表

项 目	本月金额	本年累计金额
三、筹资活动产生的现金流量：		
吸收投资收到的现金	500 000.00	—
取得借款收到的现金	600 000.00	—

（3）收到其他与筹资活动有关的现金

现金流量表中，"收到其他与筹资活动有关的现金"项目反映的是企业收到的除上述各项筹资活动以外的其他与筹资活动有关的现金。比如，接受现金捐赠等。

实例分析

填列"收到其他与筹资活动有关的现金"项目

2×22年10月，某公司收到了外单位捐赠的现金20 000.00元，款项已存入银行。因此，当月现金流量表中，筹资活动产生的现金流量中的"收到其他与筹资活动有关的现金"项目的"本月金额"或"本月数"栏内应填写的金额为20 000.00元。在现金流量表中的填写见表4-26。

表4-26 填列"收到其他与筹资活动有关的现金"项目

编制单位：××公司　　　　　2×22年10月　　　　　会企03表
单位：元

项 目	本月金额	本年累计金额
……	……	……
三、筹资活动产生的现金流量：		
吸收投资收到的现金	500 000.00	—
取得借款收到的现金	600 000.00	—
收到其他与筹资活动有关的现金	20 000.00	—

到此，筹资活动产生的现金流入的相关项目就填列完毕，此时我们需要统计出"筹资活动现金流入小计"项目的"本月金额"或"本月数"栏内应填列的金额，见表4-27。

表4-27 填列"筹资活动现金流入小计"项目

编制单位：××公司　　　　　　　　　2×22年10月　　　　　　　　　会企03表
　　　　　　　　　　　　　　　　　　　　　　　　　　　　　　　　　单位：元

项　　目	本月金额	本年累计金额
……	……	……
三、筹资活动产生的现金流量：		
吸收投资收到的现金	500 000.00	—
取得借款收到的现金	600 000.00	—
收到其他与筹资活动有关的现金	20 000.00	—
筹资活动现金流入小计	1 120 000.00	—

表4-27中，"筹资活动现金流入小计"项目填列的金额1 120 000.00元，是根据下列计算公式得来。

"筹资活动现金流入小计"项目金额=500 000.00+600 000.00+20 000.00=1 120 000.00（元）

⑩ 哪些筹资活动产生现金流出量

企业筹资活动产生的现金流出量，就是企业开展筹资活动引起的从企业流出去的现金流量。它主要也有三大类，如图4-9所示。

01 偿还债务支付的现金
02 分配股利、利润或偿付利息支付的现金
03 支付其他与筹资活动有关的现金

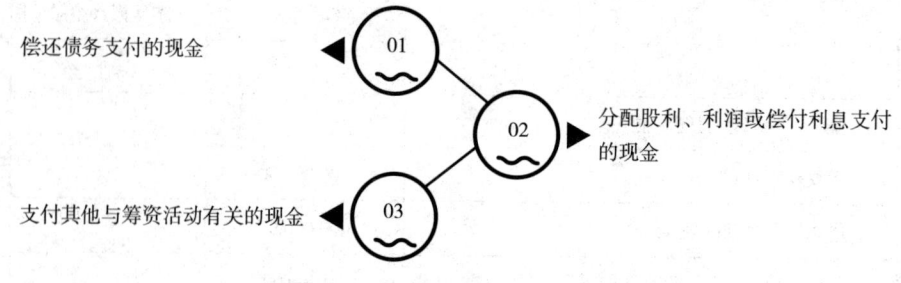

图4-9 筹资活动现金流出项目

从这些项目的名称还是可以看出，都有"支付"二字，也就反映这些是企业

筹资活动产生的现金"流出"。对于这三类筹资活动产生的现金流出,下面分别详细介绍。

（1）偿还债务支付的现金

现金流量表中,"偿还债务支付的现金"项目反映的是企业偿还其债务本金部分所需支付的现金。

实例分析

填列"偿还债务支付的现金"项目

2×22年10月,某公司偿还银行短期借款30.00万元,不含支付的利息。当月没有发生现金股利分配。因此,当月现金流量表中,筹资活动产生的现金流量中的"偿还债务支付的现金"项目的"本月金额"或"本月数"栏内应填写的金额为300 000.00元。在现金流量表中的填写见表4-28。

表4-28 填列"偿还债务支付的现金"项目

会企03表

编制单位：××公司　　　　　　2×22年10月　　　　　　　单位：元

项　　目	本月金额	本年累计金额
……	……	
三、筹资活动产生的现金流量：		
吸收投资收到的现金	500 000.00	—
取得借款收到的现金	600 000.00	—
收到其他与筹资活动有关的现金	20 000.00	—
筹资活动现金流入小计	1 120 000.00	—
偿还债务支付的现金	300 000.00	—

（2）分配股利、利润或偿付利息支付的现金

现金流量表中,"分配股利、利润或偿付利息支付的现金"项目反映的是企业为股东投资者分配的现金股利及利润,以及向银行等金融机构支付的借款利息等现金支出。

> **实例分析**
>
> **填列"分配股利、利润或偿付利息支付的现金"项目**
>
> 　　2×22年10月,某公司支付银行借款利息6 525.00元,未进行现金股利或利润分配。因此,当月现金流量表中,筹资活动产生的现金流量中的"分配股利、利润或偿付利息支付的现金"项目的"本月金额"或"本月数"栏内应填写金额为6 525.00元。在现金流量表中的填写见表4-29。
>
> 表4-29　填列"分配股利、利润或偿付利息支付的现金"项目
>
> 编制单位:××公司　　　　2×22年10月　　　　会企03表　单位:元
>
> | 项　　目 | 本月金额 | 本年累计金额 |
> | --- | --- | --- |
> | …… | …… | …… |
> | 三、筹资活动产生的现金流量: | | |
> | 吸收投资收到的现金 | 500 000.00 | — |
> | 取得借款收到的现金 | 600 000.00 | — |
> | 收到其他与筹资活动有关的现金 | 20 000.00 | — |
> | 　筹资活动现金流入小计 | 1 120 000.00 | — |
> | 偿还债务支付的现金 | 300 000.00 | — |
> | 分配股利、利润或偿付利息支付的现金 | 6 525.00 | — |

（3）支付其他与筹资活动有关的现金

　　现金流量表中,"支付其他与筹资活动有关的现金"项目反映的是企业支付的除前述各项筹资活动以外的其他与筹资活动有关的现金。比如,企业以发行股票、债券等方式筹集资金而由企业直接以现金支付的审计、咨询等费用。

> **实例分析**
>
> **填列"支付其他与筹资活动有关的现金"项目**
>
> 　　2×22年10月,某公司在发行股票过程中支付相关审计费用4 500.00元。

因此，当月现金流量表中，筹资活动产生的现金流量中的"支付其他与筹资活动有关的现金"项目的"本月金额"或"本月数"栏内应填写的金额为4 500.00元。在现金流量表中的填写见表4-30。

表4-30 填列"支付其他与筹资活动有关的现金"项目

会企03表
编制单位：××公司　　　　　2×22年10月　　　　　　　　　　单位：元

项　目	本月金额	本年累计金额
……	……	……
三、筹资活动产生的现金流量：		
吸收投资收到的现金	500 000.00	—
取得借款收到的现金	600 000.00	—
收到其他与筹资活动有关的现金	20 000.00	—
筹资活动现金流入小计	1 120 000.00	—
偿还债务支付的现金	300 000.00	—
分配股利、利润或偿付利息支付的现金	6 525.00	—
支付其他与筹资活动有关的现金	4 500.00	—

到此，筹资活动产生的现金流出的相关项目就填列完毕，此时我们需要统计出"筹资活动现金流出小计"项目的"本月金额"或"本月数"栏内应填列的金额，见表4-31。

表4-31 填列"筹资活动现金流出小计"项目

会企03表
编制单位：××公司　　　　　2×22年10月　　　　　　　　　　单位：元

项　目	本月金额	本年累计金额
……	……	……
三、筹资活动产生的现金流量：		
吸收投资收到的现金	500 000.00	—
取得借款收到的现金	600 000.00	—

续上表

项 目	本月金额	本年累计金额
收到其他与筹资活动有关的现金	20 000.00	—
筹资活动现金流入小计	1 120 000.00	—
偿还债务支付的现金	300 000.00	—
分配股利、利润或偿付利息支付的现金	6 525.00	—
支付其他与筹资活动有关的现金	4 500.00	—
筹资活动现金流出小计	311 025.00	—

表4-31中，"筹资活动现金流出小计"项目填列的金额311 025.00元，是根据下列计算公式得来。

"筹资活动现金流出小计"项目金额=300 000.00+6 525.00+4 500.00=311 025.00（元）

⑪ 计算填列筹资活动产生的现金流量净额

从筹资活动产生的现金流入和现金流出两个角度入手，报表使用者可以知道流入企业的资金中有多少是筹资活动产生的，流出企业的资金中有多少是由于筹资活动发生的。

但最终要知道企业筹资活动产生的现金流量净额，还需要将流入量和流出量进行相互抵销，然后得出"筹资活动产生的现金流量净额"项目需要填列的金额。

同理，筹资活动产生的现金流量净额可以是正数，也可以是负数。但从筹资活动的性质来看，产生的现金流量净额一般是正数，表示现金流量流入企业。

实例分析

填列"筹资活动产生的现金流量净额"项目

以本章前述案例的数据为基础，计算填列现金流量表中的"筹资活动产生的现金流量净额"项目的"本月金额"或"本月数"栏的列报金额，见表4-32。

表4-32 填列"筹资活动产生的现金流量净额"项目

编制单位：××公司　　　　　2×22年10月　　　　　会企03表　单位：元

项　　目	本月金额	本年累计金额
……	……	……
三、筹资活动产生的现金流量：		
吸收投资收到的现金	500 000.00	—
取得借款收到的现金	600 000.00	—
收到其他与筹资活动有关的现金	20 000.00	—
筹资活动现金流入小计	1 120 000.00	—
偿还债务支付的现金	300 000.00	—
分配股利、利润或偿付利息支付的现金	6 525.00	—
支付其他与筹资活动有关的现金	4 500.00	—
筹资活动现金流出小计	311 025.00	—
筹资活动产生的现金流量净额	808 975.00	—

该现金流量表中的"筹资活动产生的现金流量净额"项目所填列的金额808 975.00元，是根据下列计算公式得来：

"筹资活动产生的现金流量净额"项目金额=1 120 000.00−311 025.00=808 975.00（元）

到这里，现金流量表的主要内容就已经填列完毕，但这样就完事儿了吗？不，一张完整的现金流量表还需要统计出"期末现金及现金等价物余额"项目的金额。

而要算出这个项目的金额，还需要考虑汇率变动对企业现金流量的影响，这样先统计出现金流量表中当期"现金及现金等价物净增加额"项目的金额，再加上"期初现金及现金等价物余额"项目的金额，最后就能算出"期末现金及现金等价物余额"项目的金额。

为了便于理解，我们假设本章所提及公司2×22年10月因汇率变动对现金及现金等价物的影响金额为105 230.00元，期初现金及现金等价物余额为

1 189 574.62元，则现金流量表中后续项目的计算如下，填报结果见表4-33。

"现金及现金等价物净增加额"项目金额＝经营活动产生的现金流量净额＋投资活动产生的现金流量净额＋筹资活动产生的现金流量净额＋汇率变动对现金及现金等价物的影响＝55 807.50+（−1 014 200.00）+808 975.00+105 230.00=−44 187.50（元）

"期末现金及现金等价物余额"项目金额＝现金及现金等价物净增加额＋期初现金及现金等价物余额＝−44 187.50+1 189 574.62=1 145 387.12（元）

表4-33 填列现金流量表后续项目

会企03表

编制单位：××公司　　　　　　2×22年10月　　　　　　　　单位：元

项　　目	本月金额	本年累计金额
一、经营活动产生的现金流量：		
……	……	—
经营活动现金流入小计	376 500.00	—
……	……	—
经营活动现金流出小计	320 692.50	—
经营活动产生的现金流量净额	55 807.50	—
二、投资活动产生的现金流量：		
……	……	—
投资活动现金流入小计	877 800.00	—
……	……	—
投资活动现金流出小计	1 892 000.00	—
投资活动产生的现金流量净额	−1 014 200.00	—
三、筹资活动产生的现金流量：		
……	……	—
筹资活动现金流入小计	1 120 000.00	—
……	……	—
筹资活动现金流出小计	311 025.00	—

续上表

项 目	本月金额	本年累计金额
筹资活动产生的现金流量净额	808 975.00	—
四、汇率变动对现金及现金等价物的影响	105 230.00	—
五、现金及现金等价物净增加额	−44 187.50	—
加：期初现金及现金等价物余额	1 189 574.62	—
六、期末现金及现金等价物余额	1 145 387.12	—

这样，我们对一家企业的现金流量表就有了比较全面的认识，也知道了相关项目的填列方法。

第五章 认清股东权益，阅所有者权益变动表

如果你是一家企业的负责人或投资者，或者股东，你肯定想要知道企业的所有者权益（或股东权益）情况，包括其组成要素和变化情况，此时你需要看得懂所有者（股东）权益变动表。你不仅要知道报表中各项目代表的含义，还要知道各个数据是怎么来的，这样你才能真正了解企业所有者（股东）权益的具体情况。

- 所有者权益变动表的"纵横"关系
- "横"向是所有者权益的归属
- "纵"向是所有者权益的来源

一、所有者权益变动表的"纵横"关系

作为报表使用者之一，企业投资者或股东不仅会关心盈利情况，还会关心因盈利情况而改变的所有者权益的变动情况。要想快速摸清企业的所有者权益结构，就很有必要学习如何看懂所有者权益变动表，它是一张纵横交错填报的报表。

01 了解标准的所有者权益变动表的格式

所有者权益变动表主要反映企业当期（年度或中期）内至期末所有者权益变动情况，是一张动态报表，与资产负债表、利润表和现金流量表并称四大财务报表。

根据我国《企业会计准则第 30 号——财务报表列报》的规定，所有者权益变动表应当反映构成所有者权益的各组成部分当期的增减变动情况。综合收益和与所有者（或股东）的资本交易导致的所有者权益的变动，应当分别列示。

该准则还规定，所有者权益变动表至少应当单独列示反映下列信息的项目。

①综合收益总额，在合并所有者权益变动表中还应单独列示归属于母公司所有者的综合收益总额和归属于少数股东的综合收益总额。

②会计政策变更和前期差错更正的累积影响金额。

③所有者投入资本和向所有者分配利润等。

④按照规定提取的盈余公积。

⑤所有者权益各组成部分的期初和期末余额及其调节情况。

表 5-1 为适用于已执行新金融准则、新收入准则和新租赁准则的所有者权益变动表样式。

适用于未执行新金融准则、新收入准则和新租赁准则的所有者权益变动表与适用于已执行新金融准则、新收入准则和新租赁准则的所有者权益变动表的样式基本相同，只是纵向项目略有差异，见表 5-2。

表 5-1 适用于已执行新金融准则、新收入准则和新租赁准则的所有者权益变动表

所有者权益变动表

年度

会企 04 表
编制单位： 单位：元

项目	本年金额											上年金额										
	实收资本（或股本）	其他权益工具			资本公积	减：库存股	其他综合收益	专项储备	盈余公积	未分配利润	所有者权益合计	实收资本（或股本）	其他权益工具			资本公积	减：库存股	其他综合收益	专项储备	盈余公积	未分配利润	所有者权益合计
		优先股	永续债	其他									优先股	永续债	其他							
一、上年末余额																						
加：会计政策变更																						
前期差错更正																						
其他																						
二、本年初余额																						
三、本期增减变动金额（减少以"-"号填列）																						
（一）综合收益总额																						
（二）所有者投入和减少资本																						
1. 所有者投入的普通股																						
2. 其他权益工具持有者投入资本																						
3. 股份支付计入所有者权益的金额																						
4. 其他																						
（三）利润分配																						
1. 提取盈余公积																						
2. 对所有者（或股东）的分配																						
3. 其他																						
（四）所有者权益内部结转																						
1. 资本公积转增资本（或股本）																						
2. 盈余公积转增资本（或股本）																						
3. 盈余公积弥补亏损																						
4. 设定受益计划变动额结转留存收益																						
5. 其他综合收益结转留存收益																						
6. 其他																						
四、本年末余额																						

表 5-2 适用于未执行新金融准则、新收入准则和新租赁准则的所有者权益变动表

所有者权益变动表

年度

编制单位：　　会企 04 表　单位：元

项目	本年金额									上年金额								
	实收资本（或股本）	其他权益工具			资本公积	减：库存股	其他综合收益	专项储备	盈余公积	未分配利润	所有者权益合计	实收资本（或股本）	其他权益工具			资本公积	减：库存股	其他综合收益	专项储备	盈余公积	未分配利润	所有者权益合计
		优先股	永续债	其他									优先股	永续债	其他							
一、上年年末余额																						
加：会计政策变更																						
前期差错更正																						
其他																						
二、本年年初余额																						
三、本期增减变动金额（减少以"-"号填列）																						
（一）综合收益总额																						
（二）所有者投入和减少资本																						
1. 所有者投入的普通股																						
2. 其他权益工具持有者投入资本																						
3. 股份支付计入所有者权益的金额																						
4. 其他																						
（三）利润分配																						
1. 提取盈余公积																						
2. 对所有者（或股东）的分配																						
3. 其他																						
（四）所有者权益内部结转																						
1. 资本公积转增资本（或股本）																						
2. 盈余公积转增资本（或股本）																						
3. 盈余公积弥补亏损																						
4. 设定受益计划变动额结转留存收益																						
5. 其他																						
四、本年年末余额																						

02 所有者权益变动表"纵""横"项目的关系

从前面展示的所有者权益变动表可以看出，其横向和纵向都有许多项目，下面分别作简单了解。

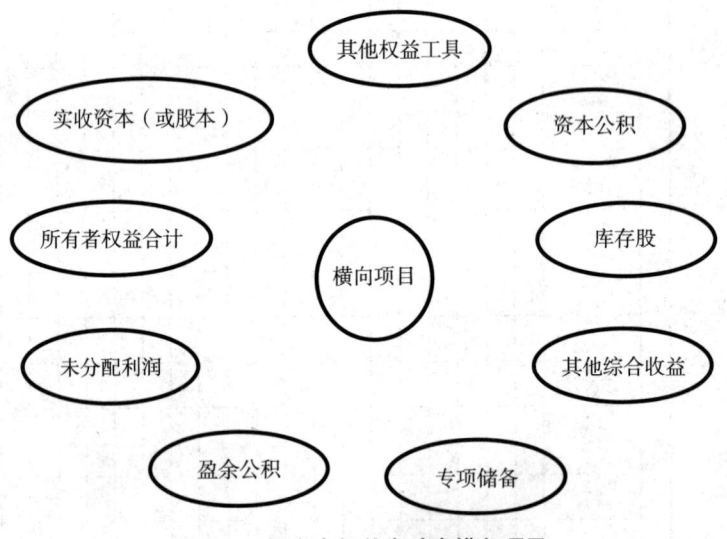

（1）所有者权益变动表横向项目

所有者权益变动表的横向列示了所有者权益类项目，如图5-1所示，并且还划分了"本年金额"和"上年金额"两栏。这些项目主要反映企业的所有者权益最终归属的位置。

图5-1 所有者权益变动表横向项目

（2）所有者权益变动表纵向项目

所有者权益变动表的纵向列示了导致企业所有者权益变动的交易或事项，且按照"上年年末余额→本年年初余额→本期增减变动金额→本年年末余额"的顺序，将这些行为对所有者权益的影响按照分配过程进行列示。

所以，从纵向角度可以看到每个所有者权益类项目从期初到期末的变化情况，用简单的图示进行说明，如图5-2所示。

实际上，所有者权益变动表中，纵横项目之间的关系是：纵向项目是横向项目的来源，横向项目是纵向项目经过分配后的归属。

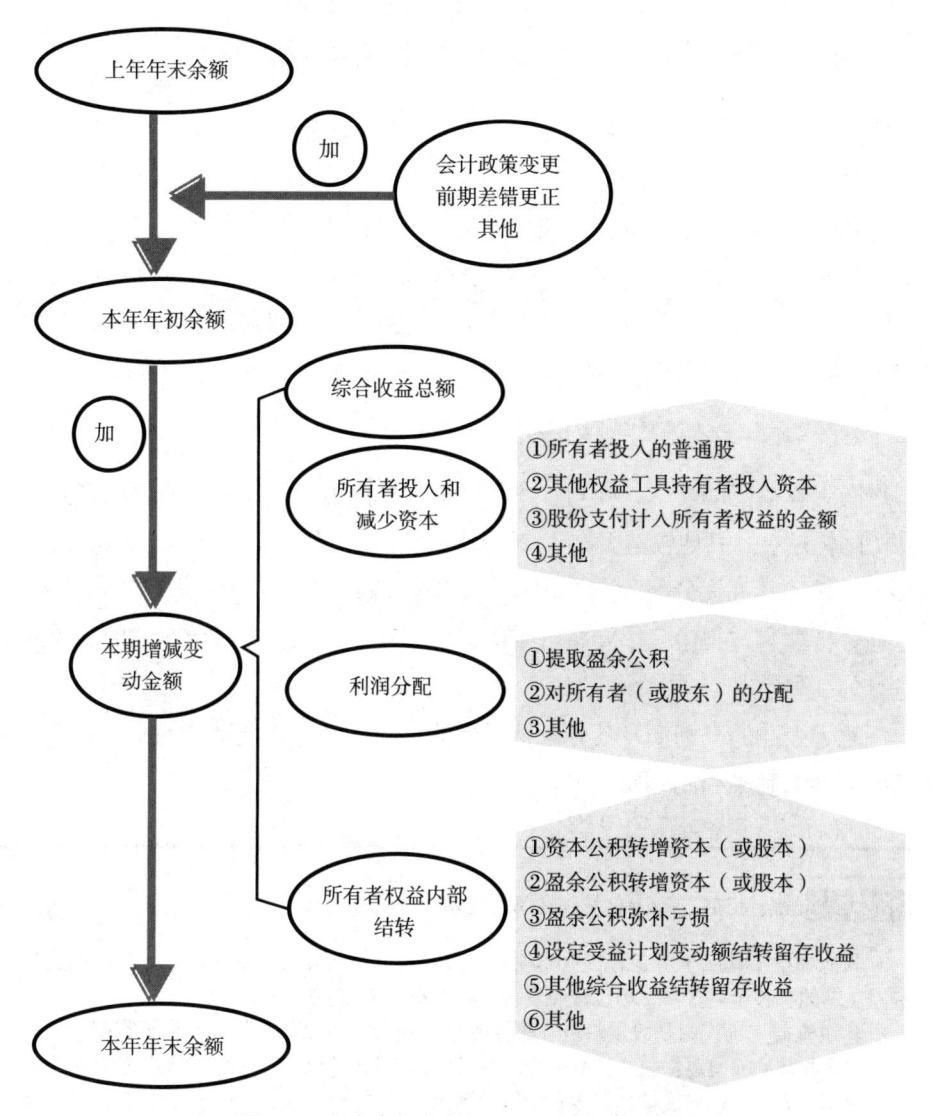

```
┌─────────────┐
│ 上年年末余额 │
└──────┬──────┘
       │      ┌────┐    ┌──────────────┐
       │      │ 加 │    │ 会计政策变更 │
       ▼◄─────┤    ├────┤ 前期差错更正 │
       │      └────┘    │     其他     │
       │                └──────────────┘
┌─────────────┐
│ 本年年初余额 │
└──────┬──────┘
       │
      ┌──┐        ┌──────────────┐
      │加│        │ 综合收益总额 │
      └──┘        └──────────────┘
       │                                ①所有者投入的普通股
       │          ┌──────────────┐      ②其他权益工具持有者投入资本
       │          │ 所有者投入和 │      ③股份支付计入所有者权益的金额
       │          │  减少资本    │      ④其他
       │          └──────────────┘
┌─────────────┐
│ 本期增减变  │
│   动金额    │                         ①提取盈余公积
└──────┬──────┘  ┌──────────────┐      ②对所有者（或股东）的分配
       │         │  利润分配    │      ③其他
       │         └──────────────┘
       │                                ①资本公积转增资本（或股本）
       │         ┌──────────────┐      ②盈余公积转增资本（或股本）
       │         │ 所有者权益内部│      ③盈余公积弥补亏损
       │         │    结转      │      ④设定受益计划变动额结转留存收益
       │         └──────────────┘      ⑤其他综合收益结转留存收益
       │                                ⑥其他
┌─────────────┐
│ 本年年末余额 │
└─────────────┘
```

图 5-2　所有者权益纵向项目及其隐藏的逻辑

二、"横"向是所有者权益的归属

企业所有者权益变动最终怎么呈现在报表中？是全部归为"所有者权益"，还是要细分所有者权益的具体项目？为了更细致地了解所有者权益的变动情况，我们需要将所有者权益进行细分，这就形成了所有者权益变动表中的横向项目，它们体现了所有者权益变动的归属。

③ "本年金额"栏和"上年金额"栏都要填列吗

所有者权益变动表的各项目均需要填列"本年金额"和"上年金额"两栏。为什么呢？

从名称可以看出，"本年金额"栏反映的是企业当年所有者权益变动情况，"上年金额"栏反映的是企业上年所有者权益变动情况，两者在所有者权益变动表中同时列示，有助于报表使用者快速了解企业所有者权益的增减变动细节，同时评价企业的所有者权益质量好坏。

（1）"本年金额"栏填列方法

所有者权益变动表中，横向"本年金额"栏内各项数字一般应根据"实收资本（或股本）"、"其他权益工具"、"资本公积"、"库存股"、"其他综合收益"、"盈余公积"、"利润分配"和"以前年度损益调整"等科目的发生额分析填列。

在分析填列过程中，需要将每个横向项目具体的来源，按照纵向的交易或事项进行分别列示。

注意，企业的净利润及其分配情况虽然是所有者权益变动表的组成部分，但不需要单独编制成利润分配表列示。

拓展贴士 *其他权益工具和其他权益工具投资是不一样的*

其他权益工具属于所有者权益类项目，核算的是企业发行的除普通股以外的归类为权益工具的各种金融工具，可以按照发行金融工具的种类进行明细核算。

其他权益工具投资是股票投资，核算的是企业指定为以公允价值计量且其变动计入其他综合收益的非交易性权益工具投资。它可以按照其他权益工具投资的类别和品种，区分"成本"、"公允价值变动"等进行明细核算。

（2）"上年金额"栏填列方法

所有者权益变动表中，横向"上年金额"栏内各项数字，应根据上年度所有者权益变动表的"本年金额"栏内所列数字填列。

如果上年度所有者权益变动表的各个项目的名称和内容与本年度不一致，应对上年度所有者权益变动表各项目的名称和数字按照本年度的规定进行调整，再填入本年度所有者权益变动表的"上年金额"栏内。

04 "实收资本（或股本）"项目要怎么填

所有者权益变动表中，横向"实收资本（或股本）"项目主要列示企业当期或上期实收资本的变动情况，具体按照纵向项目进行分别列示。

①考量纵向"综合收益总额"项目中有多少引起了实收资本（或股本）的变化，将影响金额填入横向"实收资本（或股本）"项目与纵向"综合收益总额"项目交叉处格子中。

②考量有多少实收资本的增减变动是由"所有者投入的普通股"引起的，将影响金额填入横向"实收资本（或股本）"项目与纵向"所有者投入的普通股"项目交叉处格子中。

③有多少实收资本的增减变动是由"其他权益工具持有者投入资本"引起的，将影响金额填入横向"实收资本（或股本）"项目与纵向"其他权益工具持有者投入资本"项目交叉处格子中。

④有多少实收资本的增减变动是由"股份支付计入所有者权益的金额"引起的，将影响金额填入横向"实收资本（或股本）"项目与纵向"股份支付计入所有者权益的金额"项目交叉处格子中。

⑤有多少实收资本的增加是由"资本公积转增资本（或股本）"引起的，将影响金额填入横向"实收资本（或股本）"项目与纵向"资本公积转增资本（或股本）"项目交叉处格子中。

⑥有多少实收资本的增加是由"盈余公积转增资本（或股本）"引起的，将影响金额填入横向实收资本（或股本）"项目与纵向"盈余公积转增资本（或股本）"项目交叉处格子中。

下面来看一个简单的例子。

实例分析

填列"实收资本（或股本）"项目

某公司为有限责任公司，假设2×22年发生的与实收资本有关的交易或事项如下所示。

①因所有者追加投资，使实收资本增加20.00万元。

②因通过资本公积转增资本的决议，使实收资本增加10.00万元。

③因通过盈余公积转增资本的决议，使实收资本增加10.00万元。

这里我们省略所有者权益变动表横向"上年金额"栏，直接填报"本年金额"栏各项目。（本章后续案例也省略"上年金额"栏的填报）

因此，2×22年年末该公司编制的所有者权益变动表中，与"实收资本（或股本）"项目有关的数据填列见表5-3。

表5-3 填列"实收资本（或股本）"项目

会企04表

编制单位： 年度 金额单位：元

项目	本年金额		
	实收资本（或股本）	……	……
……	……	……	……
三、本期增减变动金额	……	……	……
……	……	……	……
（二）所有者投入和减少资本	……	……	……
……	……	……	……
4.其他	200 000.00		
……			
（四）所有者权益内部结转	……	……	……
1.资本公积转增资本（或股本）	100 000.00	……	……
2.盈余公积转增资本（或股本）	100 000.00	……	……
……	……	……	……

05 简单了解"其他权益工具"项目

所有者权益变动表中，横向"其他权益工具"项目具体分成了三个子项目：优先股、永续债和其他。

什么是优先股？什么是永续债？要正确填报所有者权益变动表，这两个概念一定要分清。在本书第二章介绍资产负债表时我们已经简单了解过优先股和永续债，这里不再赘述。

填列"其他权益工具"项目的方法，可以参考"实收资本（或股本）"项目，也需要纵横交错分析填列。也就是说，分别按照纵向项目引起的"优先股"、"永续债"和"其他"等横向"其他权益工具"项目的变动进行填列。

下面通过一个简单的案例来了解。

实例分析

填列"其他权益工具"项目

某公司为股份有限公司，假设 2×22 年因为其他权益工具持有者投入资本而引起其他权益工具中优先股增加 25.00 万元，再无其他交易或事项引起其他权益工具发生变化。因此，2×22 年年末该公司编制的所有者权益变动表中，与"其他权益工具"项目有关的数据填列见表 5-4。

表 5-4 填列"其他权益工具"项目

会企 04 表
编制单位：　　　　　　　年度　　　　　　　　　　　金额单位：元

项　目	本年金额			
	……	其他权益工具投资		……
		优先股	…	
……				
三、本期增减变动金额	……	……	……	……
……				
（二）所有者投入和减少资本	……	……	……	……
……				
2.其他权益工具持有者投入资本	……	250 000.00	…	……
……				

06　"资本公积"项目数据怎么来的

你知道什么是资本公积吗？

资本公积是企业在经营过程中由于接受捐赠、股本溢价以及法定财产重估增值等形成的公积金。

要知道，资本公积与企业的收益无关，但是与企业的资本相关。

从"量"的角度看，资本公积是投资者或他人投入到企业、所有权归属于投资者且投入金额超过法定注册资本的那部分资本，可以用图 5-3 所示的示意图表示。

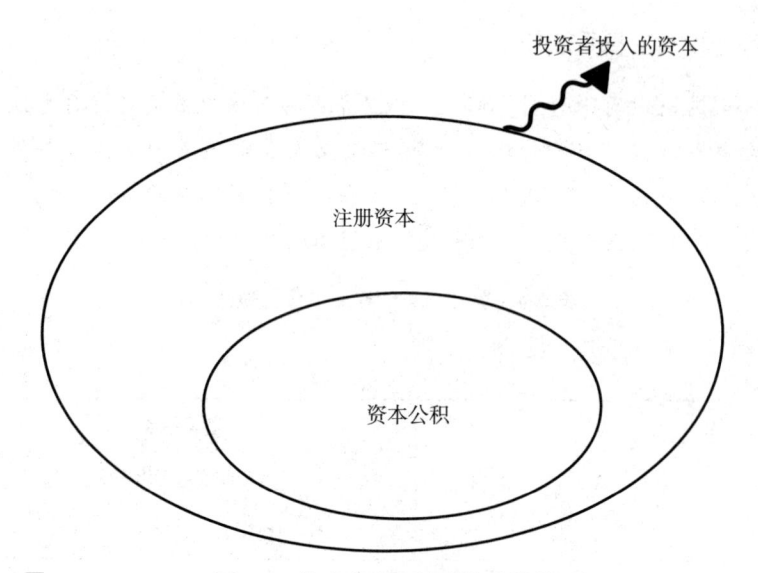

图 5-3　资本公积与注册资本的关系

在讲资产负债表时我们已经知道，"资本公积"项目需要根据"资本公积"科目的期末余额填列，但是，在填报所有者权益变动表时，"资本公积"项目需要根据"资本公积"科目的发生额分析填列，具体介绍如下所述。

①有多少资本公积的增减变动是由"综合收益总额"引起的，将影响金额填入横向"资本公积"项目与纵向"综合收益总额"项目交叉处格子中。

②有多少资本公积的增减变动是由"所有者投入和减少资本"引起的，将影响金额分别填入横向"资本公积"项目与纵向"所有者投入的普通股""其他权益工具持有者投入资本""股份支付计入所有者权益的金额"和"其他"等项目

的交叉处格子中。

③有多少资本公积的减少是由"资本公积转增资本（或股本）"引起的，将影响金额填入横向"资本公积"项目与纵向"资本公积转增资本（或股本）"项目交叉处格子中。

下面来看一个简单的例子。

实例分析

填列"资本公积"项目

某公司为有限责任公司，假设 2×22 年因资本公积超额，股东会通过资本公积转增资本的决议，用 10.00 万元资本公积转增资本，由此引起企业资本公积的减少。除此之外，资本公积没有其他变动。因此，2×22 年年末该公司编制的所有者权益变动表中，与"资本公积"项目有关的数据填列见表 5-5。

表 5-5 填列"资本公积"项目

会企 04 表
金额单位：元

编制单位：		年度		
项　　目	本年金额			
	……	资本公积	……
……	……	……	……
三、本期增减变动金额	……	……	……
……	……	……	……
（四）所有者权益内部结转	……	……	……
1. 资本公积转增资本（或股本）	……	−100 000.00	……
……	……	……	……

这里表中横向"资本公积"项目与纵向"资本公积转增资本（或股本）"项目交叉处格子中填列金额 −100 000.00 元，是因为资本公积转增资本（或股本）引起资本公积减少，所以用"−"号填列。后续涉及纵向"本期增减变动金额"项目下的数据填列，均以这样的规则填报。

07 什么是库存股和专项储备

关于库存股，我们在第二章讲资产负债表时简单了解过，这里做进一步讲解。

库存股虽然是股票，但它不进行股利分配，也不附带投票权，甚至企业解散时也不能变现。它不能列为企业的一项资产，而是以负数形式列为企业的一项股东权益，借方表示增加，贷方表示减少，是所有者权益的备抵项。

要学会填报所有者权益变动表中的"库存股"项目，就需要知道关于库存股的会计处理。

"库存股"科目用来核算企业收购的尚未转让或注销的本企业股份金额。由此可见，库存股在回购后并不注销，而由企业自己持有，在适当的时机再向市场出售或用于对员工的激励。

涉及库存股的业务，只能引起股东权益的增减，不能为企业创造收益或带来损失。

那么，什么又是专项储备呢？

专项储备用于核算高危行业企业按照规定提取的安全生产费和维持简单再生产费用等具有类似性质的费用。

比如，企业使用提取的安全生产费时，属于费用性支出的，直接冲减专项储备，即借记"专项储备"科目，贷记"银行存款"科目。

下面通过简单的例子来看看这两个报表项目究竟怎么填。

实例分析

填列"库存股"和"专项储备"项目

2×22年末，某公司财会人员填报所有者权益变动表，在填列"库存股"项目时，根据相关账簿记录和凭证记录可知，当年回购了已发行的股票共40.00万元作为库存股，同时还提取了安全生产费共15.00万元，当期没有使用过安全生产费。因此，2×22年年末该公司编制的所有者权益变动表中，与"库存股"和"专项储备"项目有关的数据填列见表5-6。

表 5-6 填列"库存股"和"专项储备"项目

编制单位：　　　　　　　　年度　　　　　　　　　　　会企 04 表
金额单位：元

项　目	本年金额			
	…	减：库存股	专项储备	…
……	…	……	……	……
三、本期增减变动金额				
……	…	……	……	……
（二）所有者投入和减少资本	…	……	……	……
1.所有者投入的普通股	…	400 000.00	……	……
……	…	……	……	……
（三）利润分配	…	……	……	……
……	…	……	……	……
3.其他	…	……	150 000.00	…
……	…	……	……	……

08　"其他综合收益"项目怎么填

所有者权益变动表中，"其他综合收益"项目需要按照总额进行列报。

"综合收益总额"中有多少是"其他综合收益"引起的，将影响金额填入横向"其他综合收益"项目与纵向"综合收益总额"项目交叉处格子中。

另外，企业因为"其他综合收益结转留存收益"而引起其他综合收益发生变化的，将影响金额填入横向"其他综合收益"项目与纵向"其他综合收益结转留存收益"项目交叉处格子中。

下面看一个简单的例子，了解所有者权益变动表中"其他综合收益"项目的填报。

> **实例分析**
>
> **填列"其他综合收益"项目**
>
> 　　2×22年末,某公司财会人员填报所有者权益变动表,在填列"其他综合收益"项目时,根据相关账簿记录和凭证记录可知,其中有15 000.00元的其他综合收益结转留存收益。仅针对该事项,2×22年年末该公司编制的所有者权益变动表中,与"其他综合收益"项目有关的数据填列见表5-7。
>
> 表5-7　填列"其他综合收益"项目
>
> 会企04表
金额单位:元
>
> 编制单位:　　　　　　　　　年度
>
> | 项　　目 | 本年金额 |||
> |---|---|---|---|
> | | …… | 其他综合收益 | …… |
> | …… | …… | …… | …… |
> | 三、本期增减变动金额 | …… | …… | …… |
> | …… | …… | …… | …… |
> | (四)所有者权益内部结转 | …… | …… | …… |
> | …… | …… | …… | …… |
> | 5.其他综合收益结转留存收益 | …… | -15 000.00 | …… |
> | …… | …… | …… | …… |
>
> 　　注意,该表格中填报"其他综合收益"项目时,由于同时引起另一个所有者权益类项目的变化,即留存收益,因此在对应填报"其他综合收益"项目时,还要对应填报"盈余公积"和"未分配利润"项目,这里不作详解。

09 "盈余公积"和"未分配利润"的填列

　　从上一小节的内容中我们可以知道,"盈余公积"和"未分配利润"是企业的留存收益。

　　通常来说,只要"盈余公积"项目发生增减变动,"未分配利润"项目就会相应地发生增减变动。在所有者权益变动表中,这两个项目的列示可以总结为包括但不限于表5-8的一些方法。

表 5-8 "盈余公积"和"未分配利润"的填列方法

交易或事项	项目填列方法
因"提取盈余公积"引起"盈余公积"增加，同时"未分配利润"减少	将影响金额填入横向"盈余公积"项目与纵向"提取盈余公积"项目交叉处格子中，且以正数列示（因为提取盈余公积表现为盈余公积增加）；同时，以相同的影响金额填入横向"未分配利润"项目与纵向"提取盈余公积"项目交叉处格子中，且以负数列示（因为提取盈余公积表现为未分配利润减少）
因"对所有者（或股东）的分配"引起"未分配利润"减少	将影响金额填入横向"未分配利润"项目与纵向"对所有者（或股东）的分配"项目交叉处格子中，且以负数列示（因为对所有者或股东的分配会使企业未分配利润减少）
因"盈余公积转增资本（或股本）"引起"盈余公积"减少	将影响金额填入横向"盈余公积"项目与纵向"盈余公积转增资本（或股本）"项目交叉处格子中，且以负数列示
因"盈余公积弥补亏损"引起"盈余公积"减少，同时"未分配利润"增加	将影响金额填入横向"盈余公积"项目与纵向"盈余公积弥补亏损"项目交叉处格子中，且以负数列示；同时，以影响金额填入横向"未分配利润"项目与纵向"盈余公积弥补亏损"项目交叉处格子中，且以正数列示

下面通过简单的案例来看看如何填列所有者权益变动表中的"盈余公积"和"未分配利润"项目。

> **实例分析**
>
> **填列"盈余公积"和"未分配利润"项目**
>
> 2×22年末，某公司财会人员填报所有者权益变动表，在填列"盈余公积"和"未分配利润"项目时，根据相关账簿记录和凭证记录可知，当年实现净利润280.00万元，按照公司相关规定依照10%的比例提取法定盈余公积，即28.00万元。该事项涉及的会计分录如下：
>
> 　　借：利润分配——提取法定盈余公积　　　　280 000.00
> 　　　　贷：盈余公积——法定盈余公积　　　　　280 000.00
>
> 由此可见，该事项会使企业当期盈余公积增加，同时未分配利润减少。另外，前述案例中，由于其他综合收益结转留存收益15 000.00元，引起盈余公积增加1 500.00元（15 000.00×10%），同时导致未分配利润增加13 500.00元（15 000.00－1 500.00）；盈余公积转增资本使盈余公积减少100 000.00元。因此，2×22年年末该公司编制的所有者权益变动表中，与"盈余公积"和"未分配利润"项目有关的数据填列见表5-9。

表 5-9 填列"盈余公积"和"未分配利润"项目

会企 04 表

编制单位：　　　　　　　　　年度　　　　　　　　　金额单位：元

项　　目	…	本年金额		…
^	^	盈余公积	未分配利润	^
……	…	……	……	…
三、本期增减变动金额	…	……	……	…
……	…	……	……	…
（三）利润分配	^	^	^	^
1.提取盈余公积	…	280 000.00	–280 000.00	…
……	…	……	……	…
（四）所有者权益内部结转	^	^	^	^
……	…	……	……	…
2.盈余公积转增资本（或股本）	…	–100 000.00	……	…
……	…	……	……	…
5.其他综合收益结转留存收益	…	1 500.00	13 500.00	…
……	^	^	^	^

至此，所有者权益变动表中横向"本年金额"栏主要项目就基本填列完毕，但还并没有结束，我们还需要统计出横向"所有者权益合计"项目的金额并列示出来。

⑩ 计算填列"所有者权益合计"项目

所有者权益变动表中，横向"所有者权益合计"项目的填列就比较简单了，只需要利用简单的加减运算就可以得到列报金额。我们可以利用下列所示的简单公式。

"所有者权益合计"项目金额 = 实收资本（或股本）+ 其他权益工具 + 资本公积 – 库存股 + 其他综合收益 + 专项储备 + 盈余公积 + 未分配利润

下面以本章前述案例为基础，介绍所有者权益变动表中横向"所有者权益合计"项目的填报，见表 5-10。

表 5-10 填列"所有者权益合计"项目

编制单位：　　　　　　　　　　　　　　年度　　　　　　　　　　本年金额　　　　　　　　　　　　　　　　　会企 04 表
金额单位：元

项目	实收资本（或股本）	其他权益工具 优先股 ...	资本公积	减：库存股	其他综合收益	专项储备	盈余公积	未分配利润	所有者权益合计
……									
三、本期增减变动金额									200 000.00
（一）综合收益总额									50 000.00
（二）所有者投入和减少普通股									-400 000.00
1. 所有者投入的普通股				400 000.00					
2. 其他权益工具持有者投入资本		250 000.00							250 000.00
3. 股份支付计入所有者权益的金额									
4. 其他	200 000.00								200 000.00
（三）利润分配									150 000.00
1. 提取盈余公积							280 000.00	-280 000.00	0.00
2. 对所有者（或股东）的分配									
3. 其他						150 000.00			150 000.00
（四）所有者权益内部结转									
1. 资本公积转增资本（或股本）	100 000.00		-100 000.00						0.00
2. 盈余公积转增资本（或股本）	100 000.00						-100 000.00		0.00
3. 盈余公积弥补亏损									0.00
4. 设定受益计划变动额结转留存收益									
5. 其他综合收益结转留存收益					-15 000.00		1 500.00	13 500.00	0.00
6. 其他									
四、本年年末余额									

表 5-10 中，横向"所有者权益合计"项目填列的金额是通过如下方法得来。

① "所有者权益合计"项目与纵向"所有者投入的普通股"项目交叉处格子中填列 –400 000.00 元，是根据"减：库存股"项目的 400 000.00 元填列的，表示"所有者投入的普通股"这一事项对所有者权益总的影响金额。

② "所有者权益合计"项目与纵向"其他权益工具持有者投入资本"项目交叉处格子中填列 250 000.00 元，是根据"其他权益工具／优先股"项目的 250 000.00 元填列的，表示"其他权益工具持有者投入资本"这一事项对所有者权益总的影响金额。

③ "所有者权益合计"项目与纵向"所有者投入和减少资本／其他"项目交叉处格子中填列 200 000.00 元，是根据"实收资本（或股本）"项目的 200 000.00 元填列的，表示"所有者投入和减少资本／其他"这一事项对所有者权益总的影响金额。

④ "所有者权益合计"项目与纵向"（二）所有者投入和减少资本"项目交叉处格子中填列 50 000.00 元，是根据①②③中"所有者权益合计"项目金额相加填列的（–400 000.00+250 000.00+200 000.00）。

⑤ "所有者权益合计"项目与纵向"提取盈余公积"项目交叉处格子中填列 0.00 元，是根据"盈余公积"项目的 280 000.00 元和"未分配利润"项目的 –280 000.00 元相加填列的，表示"提取盈余公积"这一事项对所有者权益总的影响金额为 0.00 元。

⑥ "所有者权益合计"项目与纵向"利润分配／其他"项目交叉处格子中填列 150 000.00 元，是根据"专项储备"项目的 150 000.00 元填列的，表示"利润分配／其他"这一事项对所有者权益总的影响金额。

⑦ "所有者权益合计"项目与纵向"（三）利润分配"项目交叉处格子中填列 150 000.00 元，是根据⑤⑥中"所有者权益合计"项目金额相加填列的（0.00+150 000.00）。

⑧ "所有者权益合计"项目与纵向"资本公积转增资本（或股本）"项目交叉处格子中填列 0.00 元，是根据"实收资本（或股本）"项目的 100 000.00 元和"资本公积"项目的 –100 000.00 元相加填列的，表示"资本公积转增资本（或股本）"这一事项对所有者权益总的影响金额为 0.00 元。

⑨ "所有者权益合计"项目与纵向"盈余公积转增资本（或股本）"项目交

叉处格子中填列 0.00 元，是根据"实收资本（或股本）"项目的 100 000.00 元和"盈余公积"项目的 –100 000.00 元相加填列的，表示"盈余公积转增资本（或股本）"这一事项对所有者权益总的影响金额为 0.00 元。

⑩"所有者权益合计"项目与纵向"其他综合收益结转留存收益"项目交叉处格子中填列 0.00 元，是根据"其他综合收益"项目的 –15 000.00 元、"盈余公积"项目的 1 500.00 元和"未分配利润"项目的 13 500.00 元相加填列的，表示"其他综合收益结转留存收益"这一事项对所有者权益总的影响金额为 0.00 元。

⑪"所有者权益合计"项目与纵向"（四）所有者权益内部结转"项目交叉处格子中填列 0.00 元，是根据⑧⑨⑩中"所有者权益合计"项目金额相加填列的（0.00+0.00+0.00）。

⑫"所有者权益合计"项目与纵向"三、本期增减变动金额"项目交叉处格子中填列 200 000.00 元，是根据④⑦⑪中"所有者权益合计"项目金额相加填列的（50 000.00+150 000.00+0.00）。

⑬由于前述案例我们没有告知横向"所有者权益合计"项目的本年年初余额，因此，这里就无法填报"本年年末余额"项目。假设"所有者权益合计"项目的"本年年初余额"为 8 000 000.00 元，那么，横向"所有者权益合计"项目与纵向"本年年末余额"项目交叉处格子中需填列的金额为 8 200 000.00 元（8 000 000.00+200 000.00）。

到这里就完成了所有者权益变动表中横向"本年金额"栏所有项目的列报，实际上我们在填报过程中已经涉及到了纵向项目。由此可知，企业填报所有者权益变动表时，纵横方向的各个项目之间是紧密联系的，需要同时结合分析进行列示。而本章将纵横方向的项目分开介绍，只是强调所有者权益变动表的结构特征。

下面将详细说明纵向项目的内涵。

三、"纵"向是所有者权益的来源

企业为什么会有所有者权益，它是从哪里来的？所有者权益的不同来源是不是混合在一起统计即可？当然不是。企业需要根据所有者权益的具体来源，编制所有者权益变动表并分项列示，这就有了所有者权益变动表中的纵向项目。

⑪ "上年年末余额"项目需要誊抄

所有者权益变动表中哪里有"上年年末余额"项目啊?不就是"上年金额"栏项目吗?

如果你仔细观察所有者权益变动表,可以发现所有者权益变动表纵向项目的第一个就是"上年年末余额"项目,见表5-11。

表5-11 所有者权益变动表中纵向"上年年末余额"项目

所有者权益变动表

会企04表

编制单位:　　　　　　　　　　　　年度

项目	本年金额									
	实收资本(或股本)	其他权益工具			资本公积	减:库存股	其他综合收益	专项储备	盈余公积	未分配利润	所有者权益合计
		优先股	永续债	其他							
一、上年年末余额											

在所有者权益变动表中,"上年年末余额"项目反映的是企业上年资产负债表中实收资本(或股本)、其他权益工具、资本公积、库存股、其他综合收益、盈余公积和未分配利润的年末余额。

实际填报时,直接誊抄企业上年度所有者权益变动表"本年金额"栏对应的纵向"本年年末余额"项目的相应数据。

有人可能会说,这是什么跟什么?没懂呢!

别着急,下面我们通过一个简单的例子就能理解。

实例分析

填列"上年年末余额"项目

表5-12为某公司2×21年年末编制的股东权益变动表的"本年金额"栏对应的纵向"本年年末余额"项目的相关数据。

2×22年末,该公司财会人员按规定编制股东权益变动表,在填列纵向的"上年年末余额"项目时,按照规定需要誊抄上年度股东权益变动表中"本年金额"栏对应的纵向"本年年末余额"项目的相应数据,因此,2×22年末编制的股东权益变动表中,纵向"上年年末余额"项目的填报见表5-13。

表 5-12　某公司 2×21 年度股东权益变动表的本年年末余额

编制单位：××公司　　　　　　　　　年度　　　　　　　　　会企 04 表
　　　　　　　　　　　　　　　　　　　　　　　　　　　　金额单位：元

项　目	本年金额			
	股本	资本公积	盈余公积	未分配利润	股东权益合计
一、上年年末余额	……	……	……	……	……
……	……	……	……	……	……
四、本年年末余额	5 383 375.00	210 002.97	520 565.83	803 291.57	6 917 235.37

表 5-13　某公司 2×22 年度股东权益变动表的上年年末余额

编制单位：××公司　　　　　　　　　年度　　　　　　　　　会企 04 表
　　　　　　　　　　　　　　　　　　　　　　　　　　　　金额单位：元

项　目	本年金额			
	股本	资本公积	盈余公积	未分配利润	股东权益合计
一、上年年末余额	5 383 375.00	210 002.97	520 565.83	803 291.57	6 917 235.37
……	……	……	……	……	……
四、本年年末余额					

这就是本年度股东权益变动表中横向"本年金额"栏对应的纵向"上年年末余额"项目誊抄的数据，与上年度股东权益变动表中横向"本年金额"栏对应的纵向"本年年末余额"项目的数据一致。

注意，如果本年度编制的股东权益变动表中有项目名称或核算方法发生变化，需要先按照本年度的编制方法修改上年度股东权益变动表，然后再进行誊抄工作。

⑫ 哪些属于企业的"会计政策变更"

企业所有者权益变动表中，纵向"会计政策变更"项目紧接着"上年年末余额"项目列示，见表 5-14。

那么，究竟什么是会计政策变更呢？

会计政策变更是指企业对相同的交易或事项由原来采用的会计政策改用另一会计政策的行为。

表 5-14 所有者权益变动表中纵向"上年年末余额"项目

所有者权益变动表

会企 04 表

编制单位： 　　　　　　　　　年度

项　目	本年金额										
	实收资本（或股本）	其他权益工具			资本公积	减：库存股	其他综合收益	专项储备	盈余公积	未分配利润	所有者权益合计
		优先股	永续债	其他							
一、上年年末余额											
加：会计政策变更											

　　而所有者权益变动表中，纵向"会计政策变更"项目反映的是企业采用追溯调整法处理的会计政策变更的累积影响金额。

　　该项目的填列比较复杂，需要根据具体的变更事项分析填列。这里我们只需要了解企业发生的哪些交易或事项属于会计政策变更，如图 5-4 所示。

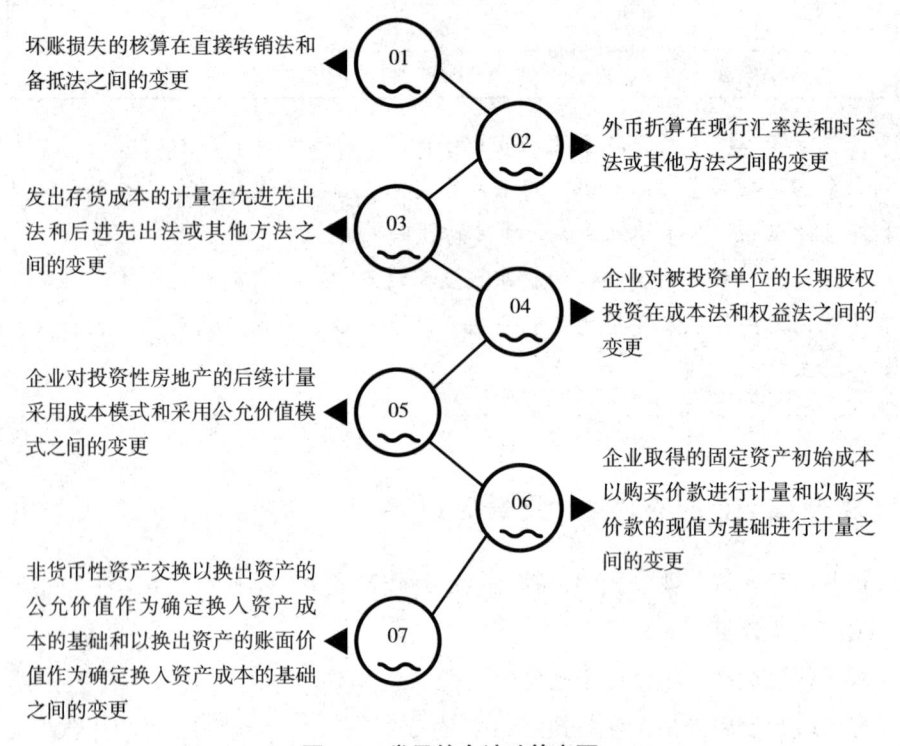

01 坏账损失的核算在直接转销法和备抵法之间的变更

02 外币折算在现行汇率法和时态法或其他方法之间的变更

03 发出存货成本的计量在先进先出法和后进先出法或其他方法之间的变更

04 企业对被投资单位的长期股权投资在成本法和权益法之间的变更

05 企业对投资性房地产的后续计量采用成本模式和采用公允价值模式之间的变更

06 企业取得的固定资产初始成本以购买价款进行计量和以购买价款的现值为基础进行计量之间的变更

07 非货币性资产交换以换出资产的公允价值作为确定换入资产成本的基础和以换出资产的账面价值作为确定换入资产成本的基础之间的变更

图 5-4 常见的会计政策变更

需要注意的是，会计政策变更涉及会计收益或费用发生变化的，必然影响企业的会计利润，使其发生增减变动，但是否调整所得税，不能以企业会计利润的变动为判断标准，而应该以会计政策的变更是否引起应纳税所得额发生增减变动为标准进行判断。

⑬ 哪些属于企业的"前期差错更正"

企业所有者权益变动表中，纵向"前期差错更正"项目紧接着"会计政策变更"项目列示，见表 5-15。

表 5-15　所有者权益变动表中纵向"会计政策变更"项目

所有者权益变动表

会企 04 表

编制单位：　　　　　　　　　　　　年度

项目	本年金额									
	实收资本(或股本)	其他权益工具			资本公积	减：库存股	其他综合收益	专项储备	盈余公积	未分配利润	所有者权益合计
		优先股	永续债	其他							
一、上年年末余额											
加：会计政策变更											
前期差错更正											

什么又是前期差错更正呢？

前期差错更正，顾名思义就是对前期差错进行的更正处理。那么什么是前期差错呢？

前期差错通常包括但不限于图 5-5 所示的这些内容。

为什么企业会存在前期差错呢？一般来说，企业因为没有运用或错误运用以下两种信息，就会对前期财务报表造成省略或错报，所以形成前期差错，导致当期编制所有者权益变动表时需要将相应的影响金额进行列示。

①编报前期财务报表时预期能够取得并加以考虑的可靠信息。

②前期财务报告批准报出时能够取得的可靠信息。

因此，在所有者权益变动表中，纵向"前期差错更正"项目反映的是企业采用追溯重述法处理的会计差错更正的累积影响金额。

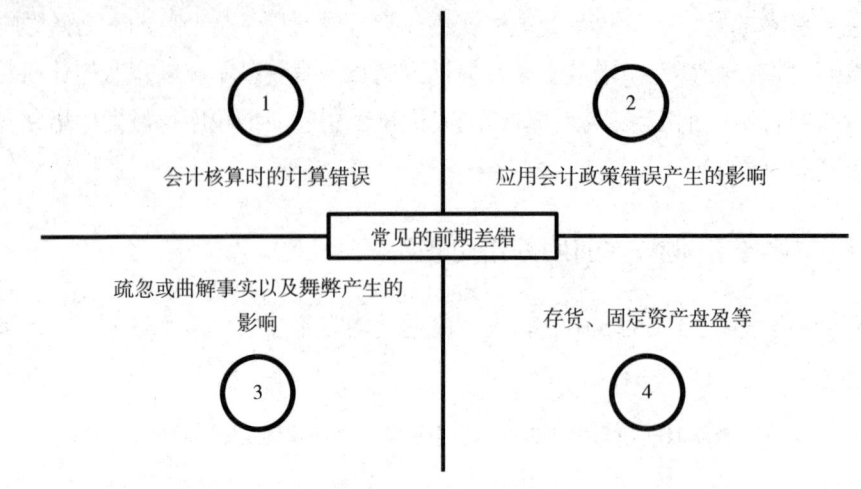

```
         ①                          ②

    会计核算时的计算错误        应用会计政策错误产生的影响

                    常见的前期差错

    疏忽或曲解事实以及舞弊产生的
            影响                    存货、固定资产盘盈等

         ③                          ④
```

图 5-5　常见的前期差错

　　关于前期差错更正的会计处理以及所有者权益变动表中"前期差错更正"项目的调整与填报都比较复杂，这里就不再详细介绍了。

⑭ "本年年初余额"可能不等于"上年年末余额"

　　为什么说"本年年初余额"可能不等于"上年年末余额"？

　　通常来说，企业编制的所有者权益变动表中，纵向"本年年初余额"项目的数据可以直接誊抄"上年年末余额"项目的数据，但是，当企业存在会计政策变更，或者有前期差错需要更正时，我们就不能直接将"上年年末余额"项目的数据直接誊抄到"本年年初余额"项目中，因为此时"本年年初余额"将不等于"上年年末余额"。

　　下面通过一个例子来对比看看"本年年初余额"等于"上年年末余额"和"本年年初余额"不等于"上年年末余额"这两种情况的填列效果。

实例分析

填列"本年年初余额"项目

　　表 5-16 为某公司 2×22 年编制的股东权益变动表的"本年金额"栏对应的纵向"上年年末余额"项目的相关数据。

表 5-16　某公司 2×22 年度股东权益变动表的上年年末余额

会企 04 表

编制单位：××公司　　　　　　　　　年度　　　　　　　　　金额单位：元

项　目	本年金额			
	股本	资本公积	盈余公积	未分配利润	股东权益合计
一、上年年末余额	5 383 375.00	210 002.97	520 565.83	803 291.57	6 917 235.37
……	……	……	……	……	……

如果该公司 2×22 年不存在会计政策变更的影响，也没有前期差错需要更正。那么，在填报纵向"本年年初余额"项目时见表 5-17。

表 5-17　某公司 2×22 年度股东权益变动表的本年年初余额（一）

会企 04 表

编制单位：××公司　　　　　　　　　年度　　　　　　　　　金额单位：元

项　目	本年金额			
	股本	资本公积	盈余公积	未分配利润	股东权益合计
一、上年年末余额	5 383 375.00	210 002.97	520 565.83	803 291.57	6 917 235.37
加：会计政策变更	0.00	0.00	0.00	0.00	0.00
前期差错更正	0.00	0.00	0.00	0.00	0.00
其他	0.00	0.00	0.00	0.00	0.00
二、本年年初余额	5 383 375.00	210 002.97	520 565.83	803 291.57	6 917 235.37
……	……	……	……	……	……

如果该公司 2×22 年度存在会计政策变更和前期差错，且影响金额分别是横向"未分配利润"项目对应的 8 973.40 元和 16 423.58 元。那么，在填报纵向"本年年初余额"项目时见表 5-18。

表 5-18 某公司 2×22 年度股东权益变动表的本年年初余额（二）

编制单位：××公司　　　　　　年度　　　　　　　会企 04 表
金额单位：元

项　目	本年金额					
	股本	资本公积	盈余公积	未分配利润	股东权益合计
一、上年年末余额	5 383 375.00	210 002.97	520 565.83	803 291.57	6 917 235.37
加：会计政策变更	0.00	0.00	0.00	8 973.40	8 973.40
前期差错更正	0.00	0.00	0.00	16 423.58	16 423.58
其他	0.00	0.00	0.00	0.00	0.00
二、本年年初余额	5 383 375.00	210 002.97	520 565.83	828 688.55	6 942 632.35
……					

对比可知，该公司当年存在会计政策变更和前期差错更正时，横向"未分配利润"项目对应的"本年年初余额"为 828 688.55 元，"股东权益合计"项目对应的"本年年初余额"为 6 942 632.35 元，与当年不存在会计政策变更和前期差错更正时横向"未分配利润"项目对应的"本年年初余额" 803 291.57 元和"股东权益合计"项目对应的"本年年初余额" 6 917 235.37 元是明显不同的。

⑮ 要列明企业本期引起所有者权益增减变动的金额

其实，所有者权益变动表的填报主要是列明企业本期引起所有者权益增减变动的金额。这些引起本期所有者权益变动的金额主要归纳到纵向的"三、本期增减变动金额"类中，在报表中紧接着"本年年初余额"项目进行列示，见表 5-19。

由此可见，所有者权益变动表中"本年增减变动金额"类项目占据了该报表的大部分空间，是主要填报内容，因此其填列规则我们有必要了解一番，具体内容见表 5-20。

表 5-19　纵向"本年增减变动金额"项目

二、本年年初余额										
三、本期增减变动金额（减少以"-"号填列）										
（一）综合收益总额										
（二）所有者投入和减少资本										
1. 所有者投入的普通股										
2. 其他权益工具持有者投入资本										
3. 股份支付计入所有者权益的金额										
4. 其他										
（三）利润分配										
1. 提取盈余公积										
2. 对所有者（或股东）的分配										
3. 其他										
（四）所有者权益内部结转										
1. 资本公积转增资本（或股本）										
2. 盈余公积转增资本（或股本）										
3. 盈余公积弥补亏损										
4. 设定受益计划变动额结转留存收益										
5. 其他综合收益结转留存收益										
6. 其他										

表 5-20　所有者权益变动表"本年增减变动金额"项目的填列规则

项　目	填列规则
综合收益总额	该项目反映企业净利润和其他综合收益扣除所得税影响后的净额相加后的合计金额
所有者投入和减少资本	该项目反映企业当年所有者投入的资本和减少的资本，具体分成"所有者投入的普通股"、"其他权益工具持有者投入资本"、"股份支付计入所有者权益的金额"和"其他"四个项目

续上表

项　　目	填列规则
所有者投入的普通股	该项目反映企业接受投资者投入而形成的实收资本（或股本）和资本溢价或股本溢价。因此，填报时可能涉及的报表横向项目有"实收资本（或股本）"、"资本公积"和"库存股"
其他权益工具持有者投入资本	该项目反映企业接受其他权益工具持有者投入的资本。在填报时，可能涉及报表中横向"其他权益工具"项目
股份支付计入所有者权益的金额	该项目反映企业处于等待期中的权益结算的股份支付当年计入资本公积的金额。因此，填报时可能涉及报表中横向"资本公积"项目
其他	该项目主要反映除前述三个项目外其他所有者投入和减少资本的情况所对应的金额
利润分配	该项目反映企业当年的利润分配金额，具体分成"提取盈余公积"、"对所有者（或股东）的分配"和"其他"三个项目
提取盈余公积	该项目反映企业当年提取的盈余公积的金额。填报时，主要涉及报表中横向"盈余公积"项目的列示
对所有者（或股东）的分配	该项目反映企业当年向所有者或股东分配现金股利或利润的金额。填报时，主要涉及报表中横向"未分配利润"项目
其他	该项目主要反映除前述两个关于利润分配的项目外其他与利润分配有关的事项对应的金额
所有者权益内部结转	该项目反映企业构成所有者权益的组成部分之间当年的增减变动情况，具体分成"资本公积转增资本（或股本）"、"盈余公积转增资本（或股本）"、"盈余公积弥补亏损"、"设定受益计划变动额结转留存收益"、"其他综合收益结转留存收益"和"其他"六个项目
资本公积转增资本（或股本）	该项目反映企业当年以资本公积转增资本或股本的金额。填报时主要涉及报表中横向"实收资本（或股本）"与"资本公积"项目
盈余公积转增资本（或股本）	该项目反映企业当年以盈余公积转增资本或股本的金额。填报时主要涉及报表中横向"实收资本（或股本）"与"盈余公积"项目
盈余公积弥补亏损	该项目反映企业当年以盈余公积弥补亏损的金额。填报时主要涉及报表中横向"盈余公积"和"未分配利润"项目

续上表

项　目	填列规则
设定受益计划变动额结转留存收益	该项目反映企业当年因重新计量设定受益计划净负债或净资产所产生的变动计入其他综合收益，后结转至留存收益的金额。填报时，可能涉及报表中横向"其他综合收益"、"盈余公积"和"未分配利润"等项目
其他综合收益结转留存收益	该项目主要反映以下两个方面的内容 ①企业指定为以公允价值计量且其变动计入其他综合收益的非交易性权益工具投资终止确认时，之前计入其他综合收益的累计利得或损失从其他综合收益中转入留存收益的金额 ②企业指定为以公允价值计量且其变动计入当期损益的金融负债终止确认时，之前由企业自身信用风险变动引起而计入其他综合收益的累计利得或损失从其他综合收益中转入留存收益的金额
其他	该项目反映企业当年除前述所有者权益内部结转事项之外的其他所有者权益内部结转事项引起的所有者权益的组成部分之间当年的增减变动情况

所以，财会人员在填报所有者权益变动表纵向"本期增减变动金额"类项目时，需要结合横向项目进行分析计算填列，且需要一一对应。由于前面介绍横向项目的填报时已经进行了一些简单例子的列举，因此这里不再单独举例说明。

⑯ 根据本年年初余额和本期增减变动金额填列本年年末余额

财会人员在完成"本年增减变动金额"的相关项目填报后，就需要结合"本年年初余额"项目的金额，统计出横向各项目的"本年年末余额"。

下面以本章前述案例为基础，看看纵向"本年年末余额"项目的填报。

实例分析

填列"本年年末余额"项目

在本章前述案例的基础上，假设纵向"上年年末余额"和"本年年初余额"项目的金额沿用表5-16、表5-17，则"本年年末余额"项目的填列见表5-21。

至此，所有者权益变动表的学习就告一段落。

表5-21 填列"本年年末余额"项目

编制单位：　　　　　　　　　　　　　　　　　　　年度　　　　　　　　　　　　　　　　　　　　会企04表
金额单位：元

本年金额

项　目	实收资本（或股本）	其他权益工具 优先股	...	资本公积	减：库存股	其他综合收益	专项储备	盈余公积	未分配利润	所有者权益合计
一、上年年末余额	5 383 375.00	0.00	...	210 002.97	0.00	0.00	0.00	520 565.83	803 291.57	6 917 235.37
加：会计政策变更	0.00	0.00	...	0.00	0.00	0.00	0.00	0.00	0.00	0.00
前期差错更正	0.00	0.00	...	0.00	0.00	0.00	0.00	0.00	0.00	0.00
其他	0.00	0.00	...	0.00	0.00	0.00	0.00	0.00	0.00	0.00
二、本年年初余额	5 383 375.00	0.00	...	210 002.97	0.00	0.00	0.00	520 565.83	803 291.57	6 917 235.37
三、本期增减变动金额	400 000.00	250 000.00	...	−100 000.00	400 000.00	−15 000.00	150 000.00	181 500.00	−266 500.00	200 000.00
（一）综合收益总额	0.00	0.00	...	0.00	0.00	0.00	0.00	0.00	0.00	0.00
（二）所有者投入和减少资本	200 000.00	250 000.00	...	0.00	400 000.00	0.00	0.00	0.00	0.00	50 000.00
1. 所有者投入的普通股	0.00	0.00	...	0.00	400 000.00	0.00	0.00	0.00	0.00	−400 000.00
2. 其他权益工具持有者投入资本	0.00	250 000.00	...	0.00	0.00	0.00	0.00	0.00	0.00	250 000.00
3. 股份支付计入所有者权益的金额	0.00	0.00	...	0.00	0.00	0.00	0.00	0.00	0.00	0.00

续上表

项目	实收资本(或股本)	其他权益工具 优先股	其他权益工具 ...	资本公积	减:库存股	其他综合收益	专项储备	盈余公积	未分配利润	所有者权益合计
4. 其他	200 000.00	0.00	...	0.00	0.00	0.00	0.00	0.00	0.00	200 000.00
(三) 提取盈余公积	0.00	0.00	...	0.00	0.00	0.00	150 000.00	280 000.00	-280 000.00	150 000.00
1. 利润分配	0.00	0.00	...	0.00	0.00	0.00	0.00	280 000.00	-280 000.00	0.00
2. 对所有者(或股东)的分配	0.00	0.00	...	0.00	0.00	0.00	0.00	0.00	0.00	0.00
3. 其他	0.00	0.00	...	0.00	0.00	0.00	150 000.00	0.00	0.00	150 000.00
(四) 所有者权益内部结转	200 000.00	0.00	...	-100 000.00	0.00	-15 000.00	0.00	-98 500.00	13 500.00	0.00
1. 资本公积转增资本(或股本)	100 000.00	0.00	...	-100 000.00	0.00	0.00	0.00	0.00	0.00	0.00
2. 盈余公积转增资本(或股本)	100 000.00	0.00	...	0.00	0.00	0.00	0.00	-100 000.00	0.00	0.00
3. 盈余公积弥补亏损	0.00	0.00	...	0.00	0.00	0.00	0.00	0.00	0.00	0.00
4. 设定受益计划变动额结转留存收益	0.00	0.00	...	0.00	0.00	0.00	0.00	0.00	0.00	0.00
5. 其他综合收益结转留存收益	0.00	0.00	...	0.00	0.00	-15 000.00	0.00	1 500.00	13 500.00	0.00
6. 其他	0.00	0.00	...	0.00	0.00	0.00	0.00	0.00	0.00	0.00
四、本年年末余额	5 783 375.00	250 000.00	...	110 002.97	400 000.00	-15 000.00	150 000.00	702 065.83	536 791.57	7 117 235.37

第六章　掌握财务细枝末节，观报表附注

看完财务报表以后，你是不是经常对某些项目依旧不知所云？从报表的运算中确实能知道某个数据怎么来的，但是却不知道它究竟包含什么内容。比如资产负债表中"货币资金"项目，会计处理时没有叫这个名称的会计科目，那么它又是怎么得来的呢？这就需要我们学习报表附注了。

- 附注是对主要财务报表的补充说明
- 熟悉各板块具体需要披露的内容有哪些

一、附注是对主要财务报表的补充说明

没有真正意识到报表附注的重要性，是很多对财会工作不甚了解的人存在的问题。他们常常觉得附注只起到补充说明的作用，因此只需要笼统地知道有这么一个部分就行。但实际上并不只如此。看懂财务报表附注有助于报表使用者更准确地掌握企业的实际经营情况。

① 会计准则规定报表附注应披露的几大板块

为了使附注内容更井然有序，在编制时会将其划分为不同的板块进行文字描述，具体如图 6-1 所示。

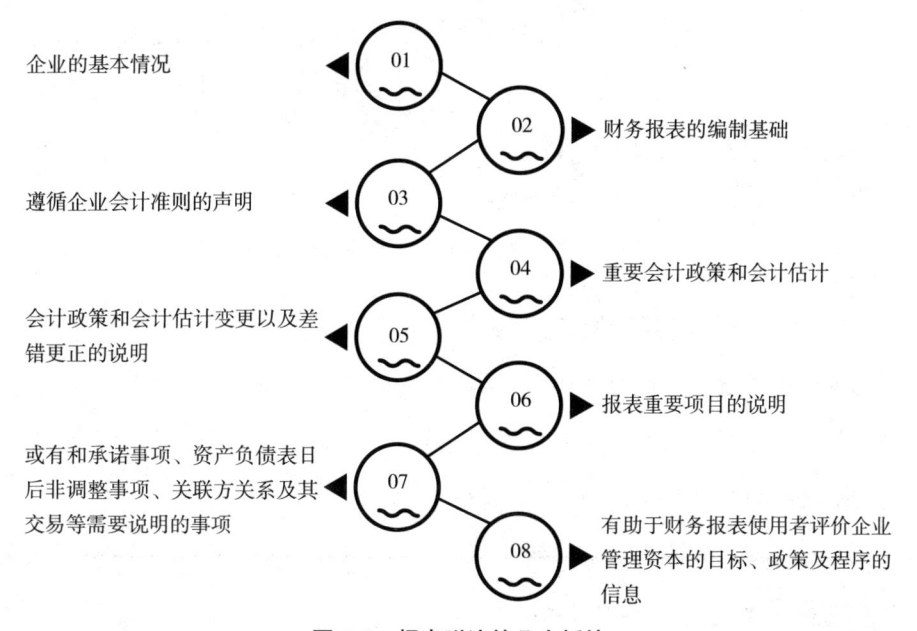

```
01 企业的基本情况
02 财务报表的编制基础
03 遵循企业会计准则的声明
04 重要会计政策和会计估计
05 会计政策和会计估计变更以及差错更正的说明
06 报表重要项目的说明
07 或有和承诺事项、资产负债表日后非调整事项、关联方关系及其交易等需要说明的事项
08 有助于财务报表使用者评价企业管理资本的目标、政策及程序的信息
```

图 6-1 报表附注的几大板块

财务报表附注为什么有别于资产负债表、利润表、现金流量表和所有者权益变动表而单独存在呢？

因为财务报表附注打破了四张主要报表内容必须符合会计要素的定义，也满足了会计信息的相关性和可比性，突破了揭示项目必须用货币加以计量的局限，通过文字说明，辅以某些统计资料或定性信息，使企业财务报表提供的会计信息更完整。

02 了解需要在附注中披露的其他重点内容

根据我国《企业会计准则第 30 号——财务报表列报》的规定，附注一般应当按照一定的顺序至少披露八大项内容，具体如图 6-1 所示。而除此之外，企业还应当在附注中披露关于其他综合收益的相关信息、终止经营的相关信息以及其他一些重点内容。

（1）关于其他综合收益的相关信息

根据《企业会计准则第 30 号——财务报表列报》的规定，财务报表附注中应当披露下列关于其他综合收益各项目的信息，如图 6-2 所示。

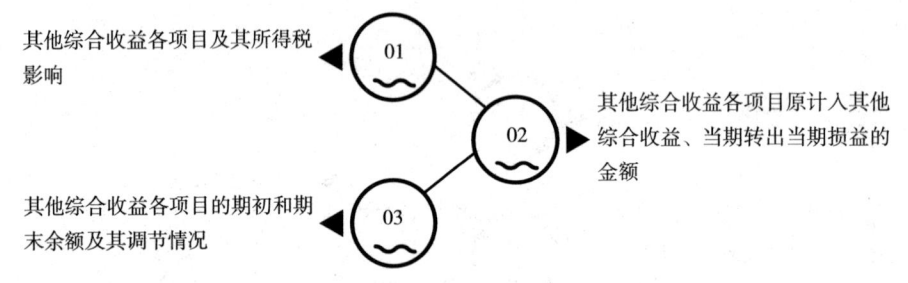

- 01 其他综合收益各项目及其所得税影响
- 02 其他综合收益各项目原计入其他综合收益、当期转出当期损益的金额
- 03 其他综合收益各项目的期初和期末余额及其调节情况

图 6-2　报表附注中关于其他综合收益应当披露的信息

（2）关于终止经营的相关信息

根据《企业会计准则第 30 号——财务报表列报》的规定，财务报表附注中应当披露终止经营的收入、费用、利润总额、所得税费用和净利润，以及归属于母公司所有者的终止经营利润。

拓展贴士　*何为终止经营？何为持有待售*

根据我国《企业会计准则第 30 号——财务报表列报》可知，终止经营是指满足下列条件之一的已被企业处置或被企业划归为持有待售的、在经营和编制财务报表时能够单独区分的组成部分。

①该组成部分代表一项独立的主要业务或一个主要经营地区。
②该组成部分是拟对一项独立的主要业务或一个主要经营地区进行处置计划的一部分。
③该组成部分是仅仅为了再出售而取得的子公司。

> 同时满足下列条件的企业组成部分（或非流动资产，下同）应当确认为持有待售。
> ①该组成部分必须在其当前状况下仅根据出售此类组成部分的惯常条款即可立即出售。
> ②企业已经就处置该组成部分作出决议，如按规定需得到股东批准的，应当已经取得股东大会或相应权力机构的批准。
> ③企业已经与受让方签订了不可撤销的转让协议。
> ④该项转让将在一年内完成。

（3）其他重点内容

根据《企业会计准则第30号——财务报表列报》的规定，财务报表附注中还应当披露在资产负债表日后、财务报告批准报出前提议或宣布发放的股利总额和每股股利金额（或向投资者分配的利润总额）。

到这里，我们只是介绍了财务报表附注中大致需要披露的内容，而各板块具体需要披露哪些信息，也是报表使用者需要了解的内容，接下来就对这些内容作详细介绍和说明。

二、熟悉各板块具体需披露的内容有哪些

了解了前述内容，相当于你只知道了财务报表附注的"壳"，其"内核"包含什么你依然不清楚，也依旧无法保证自己了解的企业经营信息是全面的、准确的。那怎么办呢？此时，你还需要进一步了解附注中各板块具体需要披露的内容有哪些。

⑬ 企业的基本情况

根据我国《企业会计准则第30号——财务报表列报》的规定，报表附注中关于企业的基本情况，需要披露图6-3所示的五项内容。

为了更贴切实际地了解财务报表附注中如何披露企业的基本情况，下面我们看看万科集团的报表附注中的企业基本情况的披露内容，如图6-4所示。

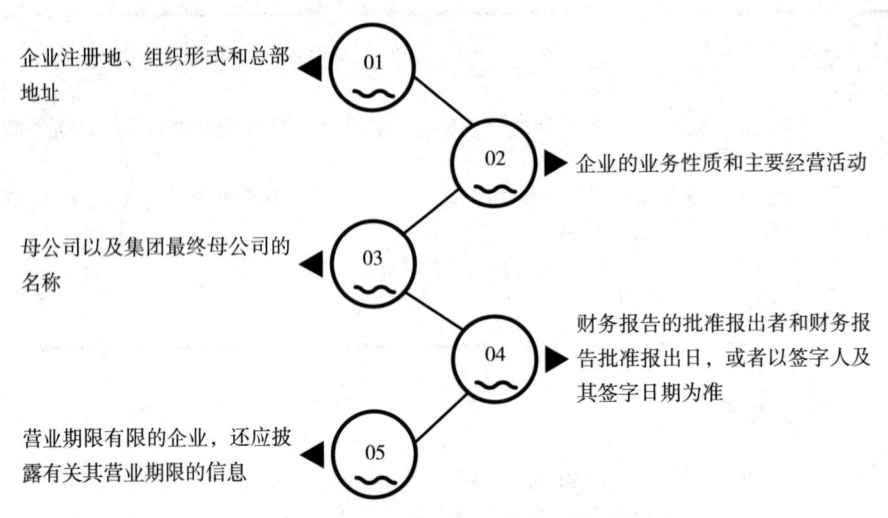

```
企业注册地、组织形式和总部          01
地址
                                02  ▶ 企业的业务性质和主要经营活动

母公司以及集团最终母公司的         03
名称
                                04  ▶ 财务报告的批准报出者和财务报
                                     告批准报出日,或者以签字人及
                                     其签字日期为准
营业期限有限的企业,还应披         05
露有关其营业期限的信息
```

图 6-3　报表附注中关于企业基本情况的内容

万科企业股份有限公司
财务报表附注
(除特别注明外,金额单位为元)

一、公司基本情况

企业注册地、组织形式和总部地址,母公司以及集团最终母公司的名称。

万科企业股份有限公司("本公司")原系经深圳市人民政府深府办(1988)1509号文批准,于1988年11月1日在深圳现代企业有限公司基础上改组设立的股份有限公司,原名为"深圳万科企业股份有限公司"。

1991年1月29日,本公司发行之A股在深圳证券交易所上市。

1993年5月28日,本公司发行之B股在深圳证券交易所上市。

1993年12月28日经深圳市工商行政管理局批准更名为"万科企业股份有限公司"。

2014年6月25日,本公司B股以介绍方式转换上市地在香港联合交易所有限公司主板(H股)上市。

本公司子公司相关信息参见附注六。

本公司经营范围为:兴办实业(具体项目另行申报);国内商业;物资供销业(不含专营、专控、专卖商品);进出口业务(按深经发审证字第113号外贸企业审定证书规定办理);房地产开发。控股子公司主营业务包括房地产开发、物业管理、投资咨询等。

企业的业务性质和主要经营活动。　44家子公司,具体情况参见附注六。

图 6-4　万科集团公司报表附注中披露的企业基本情况的内容

04 财务报表的编制基础

什么是财务报表的编制基础？

财务报表的编制基础是指财务报表是在持续经营基础上还是非持续经营基础上编制的。

注意，企业一般是在持续经营基础上编制的财务报表。如果企业处于破产、清算等环节，则在该环节编制的财务报表，其编制基础就是非持续经营基础。

下面来看看万科集团的报表附注中的财务报表编制基础的披露内容，如图 6-5 所示。

> 二　财务报表编制基础
>
> 本公司及子公司（"本集团"）合并财务报表以公司持续经营假设为基础，根据实际发生的交易和事项，并基于以下所述的编制基础、重要会计政策、会计估计进行编制，具体政策参见相关附注。

图 6-5　万科集团公司报表附注中披露的财务报表编制基础的内容

05 遵循企业会计准则的声明

企业应当在财务报表附注中声明编制的财务报表符合企业会计准则的要求，真实、完整地反映了企业的财务状况、经营成果和现金流量等有关信息，以此明确企业编制财务报表所依据的编度基础（即编制度量基础）。

下面来看看万科集团的报表附注中的遵循企业会计准则的声明的相关内容，如图 6-6 所示。

> 三　公司重要会计政策、会计估计
>
> 1　遵循企业会计准则的声明
>
> 本财务报表根据中华人民共和国财政部（以下简称"财政部"）颁布的企业会计准则的要求，真实、完整地反映了本公司 2021 年 12 月 31 日的合并财务状况和财务状况、2021 年度的合并经营成果和经营成果及合并现金流量和现金流量。
>
> 此外，本公司的财务报表同时符合中国证券监督管理委员会（以下简称"证监会"）2014 年修订的《公开发行证券的公司信息披露编报规则第 15 号 —— 财务报告的一般规定》有关财务报表及其附注的披露要求。

图 6-6　万科集团公司报表附注中披露的遵循企业会计准则的声明

从图 6-6 中可以看到，万科集团编制的报表附注中，遵循企业会计准则的声明内容划归到"企业重要会计政策、会计估计"板块了。实际上，各企业也可以将该部分内容单独成一个板块进行披露。

另外，万科集团还声明了所编制的财务报表同时符合中国证券监督管理委员会有关财务报表及其附注的披露要求。

06 重要会计政策和会计估计

根据我国《企业会计准则第 28 号——会计政策、会计估计变更和差错更正》的规定，会计政策是指企业在会计确认、计量和报告中所采用的原则、基础和会计处理方法。

那么什么又是会计估计呢？上述规定没有明确会计估计的概念，它是指对结果不确定的交易或事项以最近可利用的信息为基础所作出的判断。比如，在确定财务报表中确认的资产和负债的账面价值过程中，企业有时需要对不确定的未来事项在资产负债表日对这些资产和负债的影响加以估计，如企业预计固定资产未来现金流量采用的折现率和假设，这类假设的变动会对这些资产和负债项目金额的确定有很大影响，有可能会在下一个会计年度内作出重大调整，因此披露会计估计变更，有助于提高财务报表的可理解性。

企业应当披露采用的重要会计政策和会计估计，而不重要的会计政策和会计估计可以不披露。注意，在披露重要会计政策和会计估计时，企业还应当披露重要会计政策的确定依据和财务报表项目的计量基础，以及会计估计中所采用的关键假设和不确定因素。

拓展贴士 *什么是会计政策的确定依据和财务报表项目的计量基础*

会计政策的确定依据，主要指企业在运用会计政策过程中所作的对报表中确认的项目金额最具影响的判断，有助于财务报表使用者理解企业选择和运用会计政策的背景。

财务报表项目的计量基础，是指企业计量该项目采用的是历史成本、重置成本、可变现净值、现值还是公允价值。计量基础不同，将直接影响财务报表使用者对财务报表的理解和分析。

报表附注中，这个板块的内容可能比较多，企业按照实际情况进行披露，但包括不限于图 6-7 所示的这些。

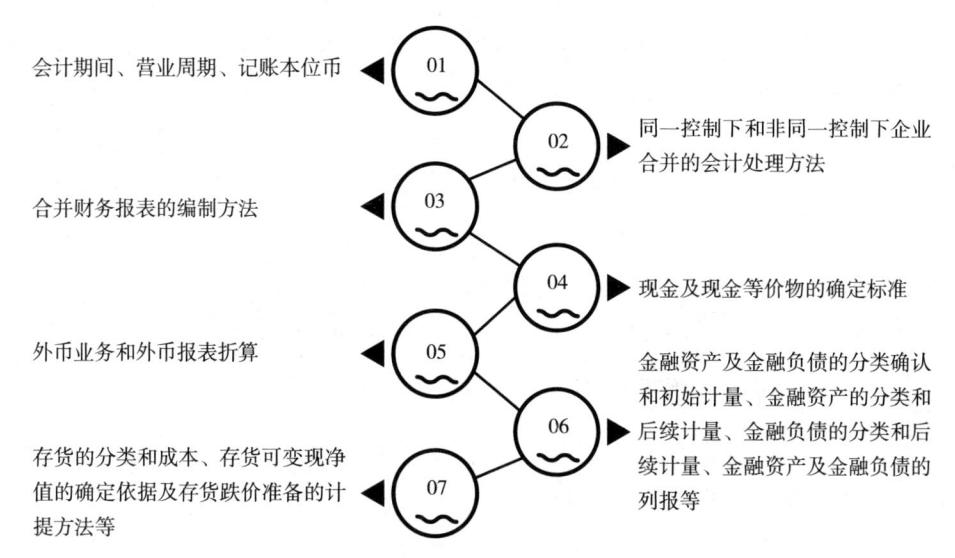

第六章 掌握财务细枝末节，观报表附注

```
会计期间、营业周期、记账本位币 ◄── 01
                                  │
                                  02 ──► 同一控制下和非同一控制下企业
                                  │      合并的会计处理方法
合并财务报表的编制方法 ◄── 03
                                  │
                                  04 ──► 现金及现金等价物的确定标准
                                  │
外币业务和外币报表折算 ◄── 05
                                  │
                                  06 ──► 金融资产及金融负债的分类确认
                                  │      和初始计量、金融资产的分类和
存货的分类和成本、存货可变现净            后续计量、金融负债的分类和后
值的确定依据及存货跌价准备的计 ◄── 07     续计量、金融资产及金融负债的
提方法等                                 列报等
```

图 6-7　报表附注中关于重要会计政策和会计估计的内容

图 6-8 为万科集团的报表附注中关于重要会计政策和会计估计的部分内容。

三　公司重要会计政策、会计估计

1　遵循企业会计准则的声明

本财务报表根据中华人民共和国财政部（以下简称"财政部"）颁布的企业会计准则的要求，真实、完整地反映了本公司 2021 年 12 月 31 日的合并财务状况和财务状况、2021 年度的合并经营成果和经营成果及合并现金流量和现金流量。

此外，本公司的财务报表同时符合中国证券监督管理委员会（以下简称"证监会"）2014 年修订的《公开发行证券的公司信息披露编报规则第 15 号——财务报告的一般规定》有关财务报表及其附注的披露要求。

2　会计期间

本集团会计年度自公历 1 月 1 日起至 12 月 31 日止。

3　营业周期

本公司的主要业务为开发用于出售及出租的房地产产品，其营业周期通常从购买土地起到建成开发产品并出售或出租且收回现金或现金等价物为止的期间。该营业周期通常大于 12 个月。

图 6-8　万科集团的报表附注中关于重要会计政策和会计估计的部分内容

至于"会计政策和会计估计变更以及差错更正的说明"板块，企业应当按照《企业会计准则第 28 号——会计政策、会计估计变更和差错更正》的规定，披露会计政策和会计估计变更以及差错更正的有关情况。该板块通常也划归到"重

159

要会计政策和会计估计"板块中披露。图 6-9 为万科集团的报表附注中关于主要会计政策和会计估计变更的部分内容。

36	主要会计政策和会计估计变更 会计政策变更的说明
(1)	会计政策变更的内容及原因
	与本集团相关的于 2021 年度生效的企业会计准则相关规定如下:
	-《企业会计准则解释第 14 号》(财会〔2021〕1 号)("解释第 14 号")
	财政部关于调整《██████相关租金减让会计处理规定》适用范围的通知 (财会〔2021〕9 号)
	-《企业会计准则解释第 15 号》(财会〔2021〕35 号)("解释第 15 号")中"关于资金集中管理相关列报"的规定

图 6-9 万科集团的报表附注中关于主要会计政策和会计估计变更的部分内容

07 报表重要项目的说明

在财务报表附注中,"报表重要项目的说明"板块占据了大篇幅。根据《企业会计准则第 30 号——财务报表列报》的规定,企业应当按照资产负债表、利润表、现金流量表、所有者权益变动表及其项目列示的顺序,对报表重要项目的说明采用文字和数字描述相结合的方式进行披露。报表重要项目的明细金额合计,应当与报表项目金额相衔接。

企业还应当在附注中披露费用按照性质分类的利润表补充资料,可将费用分为耗用的原材料、职工薪酬费用、折旧费用、摊销费用等。

那么,哪些属于报表重要项目呢?主要包括但不限于表 6-1 所示的这些项目,这些项目需要在附注中进行披露的内容也可以参考表格中的相关内容。

表 6-1 部分报表重要项目及其应披露的内容

重要项目	应披露信息
应收款项	企业应当披露:应收款项的账龄结构和客户类别,以及期初、期末账面余额等信息
存货	企业应当披露:各类存货的期初和期末账面价值,确定发出存货成本所采用的方法,存货可变现净值的确定依据,存货跌价准备的计提方法,当期计提的存货跌价准备的金额,当期转回的存货跌价准备的金额,以及计提和转回的有关情况,用于担保的存货账面价值等

续上表

重要项目	应披露信息
长期股权投资	企业应当披露：对控制、共同控制、重大影响的判断，对投资性主体的判断及主体身份的转换，企业集团的构成情况，重要的非全资子公司的相关信息，对使用企业集团资产和清偿企业集团债务的重大限制，纳入合并财务报表范围的结构化主体的相关信息，企业在其子公司的所有者权益份额发生变化的情况等
投资性房地产	企业应当披露：投资性房地产的种类、金额和计量模式；采用成本模式的，应披露投资性房地产的折旧或摊销，以及减值准备的计提情况；采用公允价值模式的，应披露公允价值的确定依据和方法，以及公允价值变动对损益的影响；房地产转换情况、理由，以及对损益或所有者权益的影响等
固定资产	企业应当披露：固定资产的确认条件、分类、计量基础和折旧方法，各类固定资产的使用寿命、预计净残值和折旧率，各类固定资产的期初和期末原价、累计折旧额及固定资产减值准备累计金额，当期确认的折旧费用，对于固定资产所有权的限制及金额和用于担保的固定资产账面价值等
无形资产	企业应当披露：无形资产的期初和期末账面余额、累计摊销额及减值准备累计金额；使用寿命有限的无形资产，其使用寿命的估计情况，使用寿命不确定的无形资产，其使用寿命不确定的判断依据；无形资产的摊销方法；用于担保的无形资产账面价值、当期摊销额等情况
职工薪酬	企业应当披露：应支付给职工的工资、奖金、津贴和补贴，及其期末应付未付金额；应为职工缴纳的医疗保险费、工伤保险费和生育保险费等社会保险费，及其期末应付未付金额；应为职工缴存的住房公积金，及其期末应付未付金额；为职工提供的非货币性福利，及其计算依据；依据短期利润分享计划提供的职工薪酬金额及其计算依据；其他短期薪酬等
应交税费	企业应当披露应交税费的构成及期初、期末账面余额等信息
短期借款和长期借款	企业应当披露短期借款、长期借款的构成及期初、期末账面余额等信息。对于期末逾期借款，应披露贷款单位、借款金额、逾期时间、年利率、逾期未偿还原因和预期还款期等信息
应付债券	企业应当披露应付债券的构成及期初、期末账面余额等信息
长期应付款	企业应当披露长期应付款的构成及期初、期末账面余额等信息
营业收入	企业应当披露营业收入的构成及本期、上期发生额等信息
公允价值变动收益	企业应当披露公允价值变动收益的来源及本期、上期发生额等信息
投资收益	企业应当披露投资收益的来源及本期、上期发生额等信息
资产减值损失	企业应当披露各项资产的减值损失及本期、上期发生额等信息
营业外收入	企业应当披露营业外收入的构成及本期、上期发生额等信息
营业外支出	企业应当披露营业外支出的构成及本期、上期发生额等信息
所得税费用	企业应当披露：所得税费用（收益）的主要组成部分，所得税费用（收益）与会计利润关系的说明等

续上表

重要项目	应披露信息
其他综合收益	企业应当披露：其他综合收益各项目及其所得税影响，其他综合收益各项目原计入其他综合收益、当期转出计入当期损益的金额，其他综合收益各项目的期初和期末余额及其调节情况等
政府补助	企业应当披露：政府补助的种类、金额和列报项目，计入当期损益的政府补助金额，本期退回的政府补助金额及原因等
借款费用	企业应当披露：当期资本化的借款费用金额，当期用于计算确定借款费用资本化金额的资本化率等

实务中，企业可以根据自身经营需要和报表编制要求，将经营管理活动涉及的所有报表重要项目进行说明。

图6-10为万科集团的报表附注中披露的关于报表重要项目——长期股权投资的部分内容。

11　长期股权投资及共同经营

(1)　长期股权投资投资成本确定

(a)　通过企业合并形成的长期股权投资

- 对于同一控制下的企业合并形成的对子公司的长期股权投资，本公司按照合并日取得的被合并方所有者权益在最终控制方合并财务报表中的账面价值的份额作为长期股权投资的初始投资成本。长期股权投资初始投资成本与支付对价账面价值之间的差额，调整资本公积中的股本溢价；资本公积中的股本溢价不足冲减时，调整留存收益。

- 对于非同一控制下的企业合并形成的对子公司的长期股权投资，本公司按照购买日取得对被购买方的控制权而付出的资产、发生或承担的负债以及发行的权益性证券的公允价值，作为该长期股权投资的初始投资成本。

(b)　其他方式取得的长期股权投资

对于通过企业合并以外的其他方式取得的长期股权投资，在初始确认时，对于以支付现金取得的长期股权投资，本集团按照实际支付的购买价款作为初始投资成本；对于发行权益性证券取得的长期股权投资，本集团按照发行权益性证券的公允价值作为初始投资成本；对于投资者投入的长期股权投资，本集团按照投资合同或协议约定的价值作为初始投资成本。

原持有的对被投资单位的股权投资（不具有控制、共同控制或重大影响的），按照金融工具确认和计量准则进行会计处理的，因被投资单位的表决权改变等原因能够对被投资单位施加重大影响但不构成控制的，在转权益法核算时，本集团按照金融工具确认和计量准则确定的原股权投资的公允价值，作为改按权益法核算的初始投资成本。

(2)　长期股权投资后续计量及损益确认方法

(a)　对子公司的投资

在本公司个别财务报表中，本公司采用成本法对子公司的长期股权投资进行后续计量，除非投资符合持有待售的条件（参见附注三、30）。对被投资单位宣告分派的现金股利或利润由本公司享有的部分确认为当期投资收益，但取得投资时实际支付的价款或对价中包含的已宣告但尚未发放的现金股利和利润除外。

对子公司的投资按照成本减去减值准备后在资产负债表内列示。

图6-10　万科集团的报表附注中披露的关于报表重要项目——长期股权投资的部分内容

08 其他需要说明的事项

根据我国《企业会计准则第 30 号——财务报表列报》的规定，其他需要说明的事项包括图 6-11 所示的一些。

```
    ①                    ②                    ③
    ▽                    ▽                    ▽
或有和承诺事项        资产负债表日后非       关联方关系及其
                      调整事项              交易
```

图 6-11　报表附注中其他需要说明的事项

下面来看看万科集团的报表附注中披露的关于或有和承诺事项的部分内容，如图 6-12 所示。

十二　承诺或有事项

1　重要承诺事项　　　　　　　　　　　【重要承诺事项】

约定资本支出

于 2021 年 12 月 31 日，本集团的资本承担如下：

	2021 年 12 月 31 日	2020 年 12 月 31 日
已签订的正在或准备履行的建安合同	2 180.57 亿元	1 894.70 亿元
已签订的正在或准备履行的土地合同	74.51 亿元	61.18 亿元
合计	2 255.08 亿元	1 955.88 亿元

截至 2021 年 12 月 31 日，本集团的约定资本支出须在合同他方履行合同规定的责任与义务同时，于若干年内支付。

2　或有事项　　　　　　　　　　　　　【或有事项】

(1)　未决诉讼仲裁形成的或有负债及其财务影响

截止 2021 年 12 月 31 日，本集团个别附属公司是某些法律诉讼中的被告，也是在日常业务中出现的其他诉讼中的原告。尽管现时无法确定这些或有事项、法律诉讼或其他诉讼的结果，管理层相信任何因此引致的负债不会对本集团的财务状况或经营业绩构成重大的负面影响。

图 6-12　万科集团的报表附注中披露的关于或有和承诺事项的部分内容

除了前述这些内容，企业财务报表附注中还会披露一些有助于报表使用者对企业作出评价的信息。

09 有助于报表使用者对企业作出评价的信息

有助于报表使用者对企业作出评价的信息，如企业管理资本的目标、政策及程序的信息，相关风险信息，境内外会计准则下会计数据的差异等。

下面来看看万科集团的报表附注中披露的关于企业管理资本的目标、政策及程序的内容，如图 6-13 所示。

十、资本管理

资本管理目标

本集团资本管理的主要目标是保障本集团的持续经营，能够通过制定与风险水平相当的产品和服务价格并确保以合理融资成本获得融资的方式，持续为股东提供回报。

本集团定期复核和管理自身的资本结构，力求达到最理想的资本结构和股东回报。本集团考虑的因素包括：本集团未来的资金需求、资本效率、现实的及预期的盈利能力、预期的现金流、预期资本支出等。如果经济状况发生改变并影响本集团，本集团将会调整资本结构。

本集团通过经调整的净债务资本率来监管集团的资本结构。经调整的净债务为总债务（包括短期借款、长期借款、应付债券，不含已计提的应付利息），扣除货币资金。

经调整的净债务资本率如下：

管理资本的政策和程序

	本集团	
	2021 年 12 月 31 日	2020 年 12 月 31 日
短期借款	14 396 594 586.71	25 038 785 031.02
一年内到期的长期借款和应付债券	44 225 399 455.94	57 874 578 762.38
长期借款	154 322 278 963.64	132 036 783 089.92
应付债券	53 020 571 732.91	43 576 223 200.25
总债务合计	265 964 844 739.20	258 526 370 083.57
减：货币资金	149 352 444 288.76	195 230 723 369.88
经调整的净债务	116 612 400 450.44	63 295 646 713.69
股东权益	392 772 776 525.09	349 844 473 343.22
净债务资本率	29.69%	18.09%

图 6-13　万科集团的报表附注中披露的关于企业管理资本的目标、政策及程序的内容

图 6-14 为万科集团的报表附注中披露的企业与金融工具相关的流动性风险信息。

图 6-15 为万科集团的报表附注中披露的境内外会计准则下会计数据的差异信息。

3 流动性风险

本集团的政策是定期检查当前和预期的资金流动性需求,以及是否符合借款合同的规定,以确保集团维持充裕的现金储备,同时获得主要金融机构承诺提供足够的备用资金,以满足长短期的流动资金需求。

下表详细列示了在资产负债表日本集团金融负债的到期日,计算是基于未折现金流(包括按照合同利率计算的利息,如果是浮动利率,则根据资产负债表日利率计算)和本集团最早偿还日。

	2021年12月31日					
	账面价值	总值	1年以内	1至2年	2至5年	5年以上
借款(包含一年内到期的部分)	208 164 556 196.73	231 364 553 888.48	61 374 927 846.76	73 520 106 723.99	81 428 558 011.17	15 040 961 306.56
应付债券(包含一年内到期的部分)	59 596 779 059.97	65 081 843 741.85	7 352 811 410.23	13 865 992 791.82	29 078 588 067.39	14 784 451 472.41
应付款项	522 602 740 568.01	522 699 239 267.45	516 023 191 141.72	6 676 048 125.73	-	-
租赁负债(包含一年内到期的部分)	26 235 592 463.01	36 641 278 286.58	2 923 430 995.77	2 946 560 210.90	8 633 365 855.24	22 137 921 224.67
其他非流动负债	1 201 342 251.72	1 208 127 489.90		1 208 127 489.90		
合计	817 801 010 539.44	856 995 042 674.26	587 674 361 394.48	98 216 835 342.34	119 140 511 933.80	51 963 334 003.64

	2020年12月31日					
	账面价值	总值	1年以内	1至2年	2至5年	5年以上
借款(包含一年内到期的部分)	202 336 049 863.65	222 633 848 216.82	79 182 009 495.39	58 923 398 247.11	80 367 985 298.30	4 160 455 176.02
应付债券(包含一年内到期的部分)	57 266 100 301.94	64 234 742 913.46	15 133 326 680.26	2 110 940 839.02	32 255 684 679.69	14 734 790 714.49
应付款项	508 535 458 185.40	508 656 181 065.14	503 555 646 099.65	5 100 534 965.49	-	-
租赁负债(包含一年内到期的部分)	26 174 202 649.53	35 844 428 893.46	2 625 257 902.18	2 672 296 361.52	8 085 409 696.87	22 461 464 932.89
其他非流动负债	1 190 177 426.90	1 300 607 757.32		1 148 777 757.32	151 830 000.00	
合计	795 501 988 427.42	832 669 808 846.20	600 496 240 177.48	69 955 948 170.46	120 860 909 674.86	41 356 710 823.40

图 6-14　万科集团的报表附注中披露的企业与金融工具相关的流动性风险

2　境内外会计准则下会计数据的差异

(1) 同时按照国际财务报告准则与按照中国企业会计准则披露的财务报告中归属于母公司股东的净利润和净权益差异情况

	归属于母公司股东的净利润	
	2021年	2020年
按中国企业会计准则	22 524 033 383.22	41 515 544 941.31
按国际财务报告准则	22 524 033 383.22	41 515 544 941.31

	归属于母公司股东的净权益	
	2021年12月31日	2020年12月31日
按中国企业会计准则	235 953 134 212.41	224 510 952 749.09
按国际财务报告准则	235 953 134 212.41	224 510 952 749.09

(2) 本公司并无按照除国际财务报告准则之外其他境外会计准则披露的财务报告。

图 6-15　万科集团的报表附注中披露的境内外会计准则下会计数据的差异信息

第七章　学报表分析方法

如果你认为将财务报表编制完成就可以了，那么你还没有真正了解财务报表的重要性。财务报表不仅可以反映企业的历史经营数据，还能通过一些报表分析方法来衡量企业的各项经营能力，并预测企业的经营发展情况。然而，在形成报表的过程中难免会存在财务舞弊行为，要想保证财务数据的真实性、准确性和有效性，我们就需要做好财务舞弊行为的防范工作。

- 结合报表数据，分析企业的偿债能力
- 借助报表数据，分析企业的营运能力
- 使用报表数据，分析企业的盈利能力
- 选用报表数据，分析企业的发展能力

一、结合报表数据，分析企业的偿债能力

企业能不能按时偿还债务？有没有付不起钱的风险？债务会不会太多？你知道吗？这些担忧都与企业的偿债能力相关。对企业来说，懂得结合报表数据分析自身或外单位的偿债能力，都是有好处的。

01 分析短期偿债能力，看企业是否能清偿短期债务

短期偿债能力，从字面意思理解，就是企业偿付短期债务的能力。结合报表项目，可以将其理解为企业偿付流动负债的能力。

那么，多么短的时间内到期的债务就算是流动负债呢？流动负债是将在一年内或超过一年的一个营业周期内需要偿付的债务。由于这部分负债是企业财务风险的一个较大的影响因素，如果不能及时偿还，就可能使企业陷入财务困境，面临破产倒闭的危险，因此，我们需要借助相关的财务指标来判断企业的短期偿债能力。

常见的衡量企业短期偿债能力的财务指标有四个，如图7-1所示。

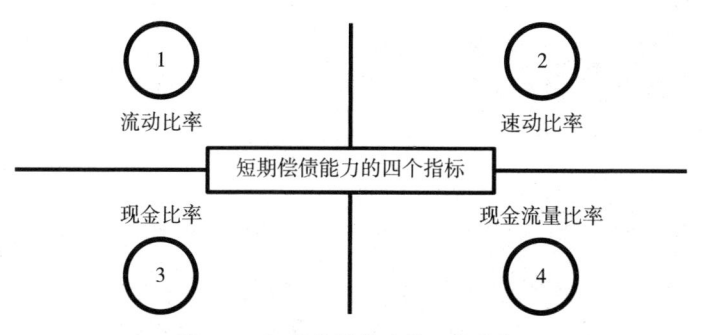

图 7-1 短期偿债能力的四个指标

下面就来简单学习这四个指标。

（1）流动比率

流动比率是企业流动资产与流动负债的比值，用计算公式表示如下：

$$流动比率 = 流动资产 \div 流动负债$$

该比率越高，说明企业偿还流动负债的能力越强，也可以说明企业流动负债得到偿还的保障越大；比率越低，说明企业偿还流动负债的能力越弱。但是，过

高的流动比率也并不一定是好事儿，因为流动比率过高，可能表现为企业滞留在流动资产上的资金过多，没有有效利用流动资产，所以可能影响企业的盈利能力。

国际公认的流动比率为 2:1。在判断企业的流动比率是高还是低时，还要结合行业特点、流动资产结构及各项流动资产的实际变现能力等因素。

实际计算企业的流动比率时，可以按照分析需求选择恰当时点的资产负债表，取其中的"流动资产合计"项目和"流动负债合计"项目的金额。

（2）速动比率

由于企业的流动比率高，不代表企业流动资产的流动性就高，因此，在评价企业短期偿债能力时流动比率有一定的局限性，这就有了计算速动比率的必要性。

速动比率是企业速动资产与流动负债的比值，用计算公式表示如下：

$$速动比率 = 速动资产 \div 流动负债$$

你是不是想问，什么是速动资产？其实很简单，将流动资产中包括的变现能力相对较弱的存货去掉后，就是速动资产。也就是说，速动比率的计算公式可以变形为如下所示的样子：

$$速动比率 = （流动资产 - 存货）\div 流动负债$$

与流动比率一样，该比率越高，说明企业的短期偿债能力越强；比率越低，说明企业的短期偿债能力越弱。

国际公认的速动比率为 1:1。在实际分析时，应根据企业性质和其他因素来综合判断，不可一概而论，因为应收账款的变现能力也会影响速动比率的可信度，如果应收账款变现能力差，即使速动比率高，企业偿还短期负债的能力也会很弱。所以，在使用该比率分析短期偿债能力时，应结合应收账款的账龄结构。

实际计算企业的速动比率时，除了按照分析需求选择恰当时点的资产负债表，取其中的"流动资产合计"项目和"流动负债合计"项目的金额外，还要取"存货"项目的金额。

（3）现金比率

现金比率是企业的现金类资产与流动负债的比值，计算公式表示如下：

$$现金比率 = （现金 + 现金等价物）\div 流动负债$$

该比率反映企业的直接偿付能力，比率越高，说明企业有较好的支付能力，对偿付短期债务是有保障的；比率越低，说明企业支付能力受限，短期债务到期时可能无法偿还。但是，过高的现金比率也可能意味着企业拥有过多的盈利能力较差的现金类资产，企业的资产没有得到充分运用，也会降低企业的盈利能力。

实际计算企业的现金比率时，除了按照分析需求选择恰当时点的资产负债表中的"流动负债合计"项目的金额外，还要取恰当时期的现金流量表中的"期末现金及现金等价物余额"项目的本期金额。

（4）现金流量比率

现金流量比率是企业经营活动产生的现金流量净额与流动负债的比值，计算公式表示如下：

现金流量比率 = 经营活动产生的现金流量净额 ÷ 流动负债

前面介绍的流动比率、速动比率和现金比率都是反映短期偿债能力的静态指标，而现金流量比率是从动态角度反映企业当期经营活动产生的现金流量净额偿付流动负债的能力。比率越高，说明企业通过经营活动产生的现金流量净额偿还短期负债的能力越强；反之，能力越弱。

下面通过一个简单的例子来看看这四个指标的实际运用。

实例分析

借助财务指标评价企业的短期偿债能力

2×22年12月底，某公司管理人员查看公司的年度财务报表，发现与评价短期偿债能力指标相关的数据见表7-1。

表 7-1　与短期偿债能力指标相关的数据

报表项目	金额（元）	报表项目	金额（元）
存货	136 637.22	流动负债合计	6 467 338.73
流动资产合计	8 307 291.90	期末现金及现金等价物余额	8 459 264.40
经营活动产生的现金流量净额	3 160 948.20	—	—

根据流动比率、速动比率、现金比率和现金流量比率的公式，可以计算出相应财务指标的值。

流动比率 = 8 307 291.90 ÷ 6 467 338.73 ≈ 1.28

速动比率 =（8 307 291.90-136 637.22）÷ 6 467 338.73 ≈ 1.26

现金比率 =8 459 264.40 ÷ 6 467 338.73 ≈ 1.31

现金流量比率 =3 160 948.20 ÷ 6 467 338.73 ≈ 0.49

单独看这些指标，流动比率为1.28，远小于国际公认标准2:1，说明该公司流动比率偏低，短期偿债能力较弱；速动比率为1.26，大于国际公认标准1:1，说明公司速动比率较高，短期偿债能力较强；现金比率为1.31，说明公司有足够的现金及现金等价物用来偿还短期债务；现金流量比率为0.49，说明公司经营活动产生的现金流量净额小于短期负债总额，也就不足以偿还短期债务，公司的短期偿债能力较弱。

结合这些指标看，虽然流动比率1.28说明企业短期偿债能力较弱，但速动比率却是1.26，说明短期偿债能力较强，两个指标之间差异较小，说明该公司存货占流动资产的比例较小，资产的流动性较强，短期偿债能力并不弱。另外，公司还可以结合同行业的流动比率平均水平，来判断本公司的短期偿债能力强弱。

现金比率1.31表明企业短期偿债能力较强，但现金流量比率0.49又表明企业用经营活动产生的现金流量净额无法偿还短期债务，说明该企业需要借助投资活动和筹资活动来帮助偿还短期负债。

02 分析长期偿债能力，看企业是否能偿还长期债务

想必你也应该知道，可以评价企业的短期偿债能力，就能评价企业的长期偿债能力。评价长期偿债能力的财务指标也有很多，如图7-2所示。

① 资产负债率
② 股东权益比率
③ 产权比率
④ 利息保障倍数

长期偿债能力的四个指标

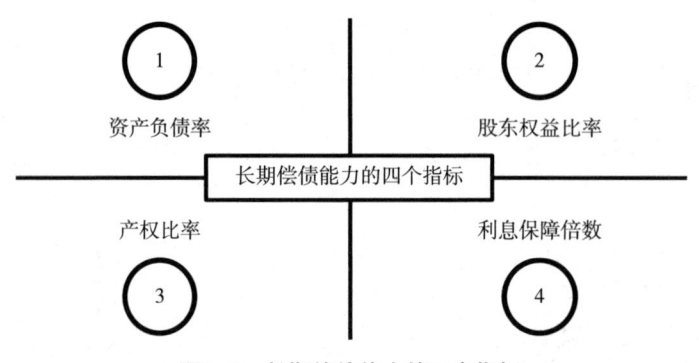

图 7-2　长期偿债能力的四个指标

下面就来详细了解这些长期偿债能力指标。

（1）资产负债率

资产负债率，也称负债比率或举债经营比率，是企业负债总额与资产总额的比率，主要反映企业的资产总额中有多大比例是通过举债得到的。用计算公式表示如下：

资产负债率 = 负债总额 ÷ 资产总额 × 100%

该比率反映了企业偿还债务的综合能力，比率越大，说明负债占企业资产总额的比例越大，偿还债务的压力越大，偿债能力越弱，财务风险越大；比率越小，说明负债占企业资产总额的比例越小，偿还债务的压力越小，偿债能力越强，财务风险越小。

虽然举债经营能在很大程度上解决企业的资金压力，但是过度举债又会使企业偿还债务的压力增大，因此，资产负债率不宜过高；如果企业想要提高自身的偿债能力而过分排斥举债经营，就会增加所有者或股东的出资压力，因此，资产负债率也不宜过低。一般认为，资产负债率在50%左右为宜。

注意，与企业经营有关的利益各方对企业的资产负债率的高低要求是不同的，这里不作详述，如果感兴趣，可以自行研究。

实际计算企业的资产负债率时，要根据具体的会计期间，选择"负债合计"项目的期末余额和期初余额，按照如下计算公式算出"负债总额"；选择"资产总计"项目的期末余额和期初余额，按照如下计算公式算出"资产总额"，然后计算资产负债率。

负债总额 = （负债合计期初余额 + 负债合计期末余额）÷ 2

资产总额 = （资产总计期初余额 + 资产总计期末余额）÷ 2

（2）股东权益比率

股东权益比率是企业股东权益总额与资产总额的比率，它反映企业资产中有多大比例是股东（或所有者）投入的。用计算公式表示如下：

股东权益比率 = 股东权益总额 ÷ 资产总额 × 100%

由于负债总额与股东权益总额相加等于资产总额，因此股东权益比率与资产负债率之和等于1。所以，这两个比率是从不同的侧面来反映企业长期财务状况。股东权益比率越大，资产负债率就越小，企业的财务风险就越小，偿还长期债务的能力就越强；比率越小，资产负债率就越大，企业的财务风险就越大，偿还长期债务的能力就越弱。可以看出，股东权益比率与企业的长期偿债能力是正相关的。

实际计算企业的股东权益比率时，也要根据具体的会计期间，选择"股东权益合计"项目的期末余额和期初余额，按照如下计算公式算出"股东权益总额"，结合"资产总额"，计算出股东权益比率。

股东权益总额 =（股东权益合计期初余额 + 股东权益合计期末余额）÷ 2

> **拓展贴士** *权益乘数与财务杠杆的关系*
>
> 权益乘数是股东权益比率的倒数，即资产总额与股东权益总额的比值。权益乘数反映了企业财务杠杆的大小。权益乘数越大，说明股东投入的资本在资产总额中所占比重越小，财务杠杆越大。换句话说，财务杠杆越大，企业的资产负债率越高，表现为积极的举债经营。

（3）产权比率

产权比率也称负债股权比率，即企业负债总额与股东权益总额的比值。用计算公式表示如下：

产权比率 = 负债总额 ÷ 股东权益总额

产权比率反映了企业债权人所提供资金与股东所提供资金的对比关系。比率越小，说明企业长期财务状况越好，债权人贷款的安全性越高，企业的财务风险越小，长期偿债能力越强；比率越大，说明企业长期财务状况越差，债权人贷款的安全性越低，企业的财务风险越大，长期偿债能力越弱。

实际计算时，也要按照平均原则先算出负债总额和股东权益总额，然后计算产权比率。

（4）利息保障倍数

利息保障倍数是企业税前利润加利息费用之和与利息费用的比值。用计算公式表示如下：

利息保障倍数 =（税前利润 + 利息费用）÷ 利息费用

注意，该公式中的"税前利润"指缴纳所得税之前的利润总额；利息费用不仅包括财务费用中的利息费用,还包括计入固定资产成本的资本化利息。

该倍数反映了企业的经营所得支付债务利息的能力。倍数越小,说明企业难以保证用经营所得来按时按量支付债务利息,换句话说就是偿债能力越弱;倍数越大,说明企业有足够的经营所得用来按时按量支付债务利息。通常,企业的利息保障倍数至少要大于1,即税前利润要大于0,否则难以偿付债务和利息,时间长了就可能导致企业破产倒闭。

实际计算企业的利息保障倍数时,选择恰当的会计期间的利润表,并选取其中的"利润总额"项目的金额和"财务费用"项目下"利息费用"项目的金额,再结合当期计入固定资产的利息费用进行分析计算。

下面也通过一个简单的例子看看这四个长期偿债能力指标的运用。

实例分析

借助财务指标评价企业的长期偿债能力

2×22年12月底,某公司管理人员查看公司的年度财务报表,发现与评价长期偿债能力的指标相关的数据见表7-2。假设当年该公司不存在计入固定资产成本的利息费用。

表7-2 与长期偿债能力指标相关的数据

报表项目	期初余额(元)	期末余额(元)	报表项目	本年累计金额(元)
资产总计	18 691 770.94	19 386 381.28	利润总额	522 226.31
负债合计	3 498 444.74	3 927 727.76	利息费用	78 613.46
股东权益合计	15 193 326.20	15 458 653.52	—	—

根据资产负债率、股东权益比率、产权比率和利息保障倍数的公式,可以计算出相应财务指标的值。

负债总额=(3 498 444.74+3 927 727.76)÷2=3 713 086.25(元)

资产总额=(18 691 770.94+19 386 381.28)÷2=19 039 076.11(元)

股东权益总额=(15 193 326.20+15 458 653.52)÷2=15 325 989.86(元)

资产负债率=3 713 086.25÷19 039 076.11×100%≈19.5%

股东权益比率=15 325 989.86÷19 039 076.11×100%≈80.5%

产权比率=3 713 086.25÷15 325 989.86×100%≈24.23%

利息保障倍数 =（522 226.31+78 613.46）÷78 613.46 ≈ 7.64

单独从这四个财务指标来看，资产负债率小于50%，股东权益比率为80.5%，都说明该公司的负债占总资产的比例较小，财务风险较小，长期偿债能力较强。产权比率24.23%表明该公司的负债总额只占股东权益总额约1/4，也说明负债占比很小，偿还长期负债的压力很小。利息保障倍数为7.64，说明企业的经营所得非常充足，足以按时按量支付企业的债务利息，企业的偿债能力比较强。

由此可见，这四个指标的结果都表明该公司的长期偿债能力较强。但实际上有多强呢？公司还需要将这些指标的值与同行业的平均水平作比较，高于同行业平均水平才能真正说明该公司的长期偿债能力较强。

二、借助报表数据，分析企业的营运能力

可能你还不清楚，企业的偿债能力在一定程度上受到营运能力的影响。因为营运能力弱，会使企业经营不顺，无法及时获取收入，相应地就可能无法及时偿还债务。因此，企业的营运能力分析也很重要。

03 从流动资产周转率看企业对资产的利用效率

这里的流动资产周转率是一个概括性的周转率，我们在使用它衡量企业对资产的利用效率时，具体可以用到图 7-3 中的三个具体的周转率。

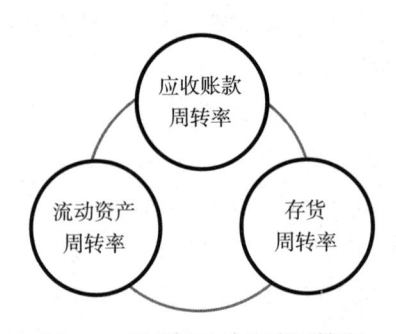

图 7-3 常见的流动资产周转率

（1）应收账款周转率

应收账款周转率是企业一定时期内赊销收入净额与应收账款平均余额的比率。它反映应收账款在一个会计年度内的周转次数，用来评价企业应收账款的流动性大小，即应收账款的变现速度和管理效率。计算公式如下：

应收账款周转率 = 赊销收入净额 ÷ 应收账款平均余额

应收账款平均余额 =（期初应收账款 + 期末应收账款）÷ 2

注意，上述公式中的赊销收入净额，是指销售收入净额扣除现销收入后的余额；而销售收入净额是指销售收入扣除了销售退回、销售折扣和折让后的余额。实际计算时，可以直接取利润表中的"营业收入"项目的金额来作为销售收入。

应收账款周转率越大，说明企业回收应收账款的速度越快，效率越高，也侧面反映企业的信用政策可能过于严格，相应地可能会限制企业销售量的扩大，从而影响企业的盈利水平。这种情况往往伴随着企业的存货周转率偏低。应收账款周转率越小，说明企业回收应收账款的速度越慢，效率越低，也侧面反映企业的信用政策可能过于宽松，相应地会导致企业应收账款占用过多的资金，从而降低企业的资金利用率，影响资金的正常周转。

（2）存货周转率

存货周转率是企业一定时期内的销售成本与存货平均余额的比率。计算公式如下。

存货周转率 = 销售成本 ÷ 存货平均余额

存货平均余额 =（期初存货余额 + 期末存货余额）÷ 2

实际计算时，上述公式中的"销售成本"可以从利润表中获取数据，比如可以假设营业成本全部为销售成本，此时就可以直接取利润表中"营业成本"项目的金额数据。

存货周转率说明了一定时期内企业存货周转的次数，也反映了企业存货的变现速度，还可以衡量企业的销售能力和存货是否过量。周转率越大，说明存货周转速度越快，企业销售能力越强，营运资本占用在存货上的金额越少；周转率越小，说明存货周转速度越慢，企业销售状况不好，造成存货积压，库存管理不力，销售方面存在一些问题，需要采取积极的销售策略提高存货周转速度。但如果企业是在通货膨胀比较严重的情况下为了降低存货采购成本而提高存货储备量，从而导致存货周转率偏低，这是一种正常现象，所以要具体情况具体分析。

另外，如果企业生产经营活动具有很强的季节性，则年度内各季度的销售成本与存货会有较大幅度的波动，因此存货平均余额应按月份或季度余额来计算。

（3）流动资产周转率

这里的流动资产周转率是指销售收入与流动资产平均余额的比率，它反映了企业全部流动资产的周转速度和利用效率。计算公式如下：

流动资产周转率 = 销售收入 ÷ 流动资产平均余额

流动资产平均余额 =（期初流动资产余额 + 期末流动资产余额）÷ 2

实际计算时，上述公式中的"销售收入"可以直接取利润表中的"营业收入"的数据。

流动资产周转率表明了在一个会计年度内企业所有流动资产的周转次数。周转率越大，说明企业流动资产的周转速度越快，利用效率越高，流动性越好；周转率越小，说明企业流动资产的周转速度越慢，利用效率越低，流动性较差。但是，流动资产周转率究竟为多少才算好，并没有一个确定的标准，我们通常需要比较企业历年的数据并结合行业特点来综合判断。

下面通过一个简单的例子来了解这三个财务指标的实际运用。

实例分析

借助流动资产周转率指标评价企业的营运能力

2×22年12月底，某公司管理人员查看公司的年度财务报表，发现与评价营运能力的指标相关的数据见表7-3。假设当年该公司所有收入都为赊销收入，且当年没有发生销售退回、销售折扣和折让。

表7-3 与流动资产周转率相关的数据

报表项目	期初余额（元）	期末余额（元）	报表项目	本年累计金额（元）
应收账款	29 924.23	47 435.97	营业收入	4 527 977.73
存货	10 020 630.08	10 756 170.36	营业成本	3 539 771.37
流动资产合计	15 473 870.61	16 002 683.07	—	—

根据应收账款周转率、存货周转率和流动资产周转率的公式，可以计算出相应财务指标的值。

> 应收账款平均余额=(29 924.23+47 435.97)÷2=38 680.10(元)
> 应收账款周转率=4 527 977.73÷38 680.10≈117.06(次)
> 存货平均余额=(10 020 630.08+10 756 170.36)÷2=10 388 400.22(元)
> 存货周转率=3 539 771.37÷10 388 400.22≈0.34(次)
> 流动资产平均余额=(15 473 870.61+16 002 683.07)÷2=15 738 276.84(元)
> 流动资产周转率=4 527 977.73÷15 738 276.84≈0.29(次)
>
> 从这三个财务指标来看,应收账款周转率为每年117.06次,也就是说平均三天就可以周转一次,周转速度很快,应收账款的回收效率非常高,企业采取的信用政策可能过于严格,因此可能限制企业销售量的扩大,从而造成存货周转率偏低。从存货周转率为0.34可知,存货周转率确实非常低,一年只能周转0.34次,一次都不到,存货非常容易积压。同时,流动资产周转率0.29次,也说明企业的流动资产周转速度非常慢,资产的流动性很弱,这与存货积压、资金大部分被存货占用的情况一致。
>
> 综合这三个指标可以初步判断该公司的营运能力较差,存货管理不力,销售活动也很可能存在问题,公司需要适当地放宽信用政策以提高存货周转速度,从而提高资金流动性,提升营运能力。

04 固定资产和总资产周转率看企业对资产的管理效率

实际上,固定资产周转率和总资产周转率也是衡量企业对资产的管理效率的财务指标,也同样能用来评价企业的营运能力。

(1)固定资产周转率

固定资产周转率是企业销售收入与固定资产平均净值的比率,计算公式如下:
固定资产周转率=销售收入÷固定资产平均净值
固定资产平均净值=(期初固定资产净值+期末固定资产净值)÷2
固定资产净值=固定资产原值(原价)-累计折旧

实际计算时,上述公式中的"销售收入"也可以直接取相关会计期间利润表中的"营业收入"项目的金额。

固定资产周转率主要用于分析企业对厂房、机器设备等固定资产的利用效率。

周转率越大，说明固定资产的利用率越高，管理水平越高，也在一定程度上说明企业的营运能力越强。周转率越小，说明固定资产的利用率越低，如果与同行业固定资产周转率的平均水平相比也偏低，进一步说明企业的生产效率较低，运营能力较差，可能会影响企业的盈利能力。

（2）总资产周转率

总资产周转率是企业销售收入与资产平均总额的比率，计算公式如下：

总资产周转率 = 销售收入 ÷ 资产平均总额

资产平均总额 =（期初资产总额 + 期末资产总额）÷ 2

实际计算时，上述公式中的"销售收入"一般用销售收入净额，也可以直接取相关会计期间利润表中的"营业收入"项目的金额。

总资产周转率主要用于分析企业全部资产的使用效率。周转率越大，说明企业利用其资产进行生产经营的效率越高，能促使企业提高盈利能力；周转率越小，说明企业利用其资产进行生产经营的效率越低，相应地会降低企业的盈利能力，此时企业需要采取有效措施提高销售收入或处置资产，以提高总资产的利用率，从而提高营运能力。

下面来看一个简单的例子，学习这两个财务指标的运用。

实例分析

借助固定资产和总资产的周转率指标评价企业的营运能力

2×22 年 12 月底，某公司管理人员查看公司的年度财务报表，发现与固定资产周转率和总资产周转率指标相关的数据见表 7-4。假设固定资产的余额就是其净值。

表 7-4　与固定资产和总资产的周转率相关的数据

报表项目	期初余额（元）	期末余额（元）	报表项目	本年累计金额（元）
固定资产	125 773.42	128 210.59	营业收入	4 527 977.73
资产总计	18 691 770.94	19 386 381.28	—	—

根据固定资产周转率和总资产周转率的公式，可以计算出相应财务指标的值。

固定资产平均净值=（125 773.42+128 210.59）÷2≈126 992.01（元）
固定资产周转率=4 527 977.73÷126 992.01≈35.66（次）
资产平均总额=（18 691 770.94+19 386 381.28）÷2=19 039 076.11（元）
总资产周转率=4 527 977.73÷19 039 076.11≈0.24（次）

固定资产周转率35.66次，说明企业的固定资产几乎10天（360÷35.66）周转一次，周转速度非常快，说明固定资产的利用率较高，管理水平较好，企业的营运能力较强，同时如果与同行业的固定资产周转率相比也偏高，就进一步说明该公司的固定资产利用率很高。

但是从总资产周转率0.24来看，周转速度非常慢，说明企业利用自身资产进行生产经营的效率较差，很可能使企业的盈利能力偏低。

那么为什么固定资产周转率很高，而总资产周转率偏低呢？很可能是企业的流动资产周转率过低造成的。此时如何采取措施呢？我们需要提高流动资产的流动性，进而提高其利用效率和周转速度，进一步就可以提高企业的营运能力。

三、使用报表数据，分析企业的盈利能力

如果你是企业的投资者，你肯定希望企业经营是盈利的吧！那么，你要如何知道自己投资或成立的企业是盈利的呢？又或者你是不是想知道企业的盈利能力强不强呢？借助财报分析就能解决你的难题。

05 从资产的报酬率，看企业的盈利能力

盈利能力是企业获取利润的能力，它不仅关系到企业所有者的投资回报，还是企业偿还债务的一个重要保障，所以企业的债权人、所有者和管理者都十分关心企业的盈利能力。

而企业的盈利能力可以从资产、销售活动和成本费用的角度评价，本节先从资产的报酬率看企业的盈利能力。

（1）资产息税前利润率

资产息税前利润率是指企业一定时期内的息税前利润与资产平均总额的比

率，计算公式如下：

$$资产息税前利润率 = 息税前利润 \div 资产平均总额 \times 100\%$$

由于息税前利润是企业支付债务利息和所得税之前的利润总额（即息税前利润），它首先要用来支付债务利息，然后才能缴纳所得税和向股东分配利润，因此，它可以被看成是企业为债权人、政府和股东创造的报酬。

而资产息税前利润率也就不受企业资本结构变化的影响，一般用来评价企业利用全部经济资源获取报酬的能力。比率越大，说明企业盈利能力越强；比率越小，说明企业盈利能力越弱。企业债权人常用该指标。

（2）资产利润率

资产利润率是企业一定时期内的税前利润总额与资产平均总额的比率，计算公式如下：

$$资产利润率 = 利润总额 \div 资产平均总额 \times 100\%$$

由于所得税政策的变化不会影响利润总额，因此，资产利润率不仅能综合评价企业的资产盈利能力，还能反映企业管理者的资产配置能力。比率越大，资产盈利能力越大，管理者对资产的配置能力越强；比率越小，资产盈利能力越小，管理者对资产的配置能力越弱。

（3）资产净利率

资产净利率是企业一定时期内的净利润与资产平均总额的比率，计算公式如下：

$$资产净利率 = 净利润 \div 资产平均总额 \times 100\%$$

上述公式中的净利润可直接取利润表中的"净利润"项目的金额，它是企业所有者获得的剩余收益，会受到企业经营活动、投资活动、筹资活动和国家税收政策变化等的影响。因此，资产净利率一般用来评价企业对股权投资的回报能力，股东分析时常使用。比率越大，说明企业的盈利能力越强；比率越小，说明企业的盈利能力越弱。

（4）股东权益报酬率

股东权益报酬率也称净资产报酬率或所有者权益报酬率，是企业一定时期内净利润与股东权益平均总额的比率，计算公式如下：

股东权益报酬率 = 净利润 ÷ 股东权益平均总额 × 100%

股东权益报酬率反映企业股东获取投资报酬的高低。比率越高，说明企业的盈利能力越强，股东投资获得的报酬越多；比率越低，说明企业的盈利能力越弱，股东投资获取的报酬越少。

下面我们通过简单的例子看看如何运用这些指标评价企业盈利能力。

> **实例分析**
>
> **借助资产的报酬率评价企业的盈利能力**
>
> 2×22年12月底，某公司管理人员查看公司的年度财务报表，发现与盈利能力指标相关的数据见表7-5。假设该公司当年没有计入固定资产成本的利息费用。
>
> 表7-5 与资产的报酬率相关的数据
>
> | 报表项目 | 期初余额（元） | 期末余额（元） | 报表项目 | 本年累计金额（元） |
> |---|---|---|---|---|
> | 资产总计 | 18 691 770.94 | 19 386 381.28 | 利息费用 | 78 613.46 |
> | 股东权益合计 | 3 498 444.73 | 3 927 727.76 | 利润总额 | 522 226.31 |
> | | | | 净利润 | 380 695.27 |
>
> 根据资产息税前利润率、资产利润率、资产净利率和股东权益报酬率的公式，可以计算出相应财务指标的值。
>
> 资产平均总额 =（18 691 770.94+19 386 381.28）÷2=19 039 076.11（元）
>
> 息税前利润 =522 226.31+78 613.46=600 839.77（元）
>
> 资产息税前利润率 =600 839.77÷19 039 076.11×100%≈3.16%
>
> 资产利润率 =522 226.31÷19 039 076.11×100%≈2.74%
>
> 资产净利率 =380 695.27÷19 039 076.11×100%≈2%
>
> 股东权益平均总额 =（3 498 444.73+3 927 727.76）÷2≈3 713 086.25（元）
>
> 股东权益报酬率 =380 695.27÷3 713 086.25×100%≈10.25%
>
> 从上述资产的报酬率可以看出，无论是资产息税前利润率，还是资产利润率和资产净利率，比率都偏低，说明企业利用自身资产获利的能力较弱。但相比之下，股东权益报酬率为10.25%，比其他三个资产的报酬率要高很多，说明企业股东获得的投资报酬水平稍高一些。

> 但企业的获利能力是否真的较弱，还需要结合行业特点和资产报酬率平均水平进行判断，如果高于行业平均水平，则资产报酬率偏低属于行业特点，不能判断该公司资产的报酬率低，也不能说明企业盈利能力弱。

⑥ 从经营利润率，看企业的盈利能力

这里的经营利润率主要是指与销售有关的利润率，如销售毛利率、销售净利率和成本费用净利率等。这些指标更贴切地反映企业通过销售业务获取利润的能力。

（1）销售毛利率

销售毛利率是企业的销售毛利与营业收入净额的比率，计算公式如下：

$$销售毛利率 = 销售毛利 \div 营业收入净额 \times 100\%$$

上述公式中的"销售毛利"是企业营业收入净额减去营业成本后的余额。该毛利率反映了企业营业成本与营业收入之间的比例关系。毛利率越高，说明在营业收入净额中营业成本所占比重越小，企业通过销售获取利润的能力越强；毛利率越低，说明在营业收入净额中营业成本所占比重越大，企业通过销售获取利润的能力越弱。

（2）销售净利率

销售净利率是企业净利润与营业收入净额的比率，计算公式如下：

$$销售净利率 = 净利润 \div 营业收入净额 \times 100\%$$

销售净利率反映企业净利润占营业收入的比重，简单理解为企业每100.00元营业收入可以实现的净利润是多少。该指标也可以用来评价企业通过销售赚取利润的能力。净利率越高，说明企业通过销售获取报酬的能力越强；净利率越低，说明通过销售获取报酬的能力越弱。

（3）成本费用净利率

成本费用净利率是企业净利润与成本费用总额的比率，计算公式如下：

$$成本费用净利率 = 净利润 \div 成本费用总额 \times 100\%$$

上述公式中的"成本费用总额"是企业为了取得利润而需要付出的代价，主要包括营业成本、税金及附加、销售费用、管理费用、财务费用和所得税费用等。成本费用净利率越高，说明企业为了获取报酬而付出的代价越小，企业的盈利能力越强；净利率越低，说明企业为了获取报酬而付出的代价越大，企业的盈利能力越弱。这样看来，成本费用净利率不仅可以评价企业的盈利能力，还可以评价企业对成本费用的控制能力。

如果是上市企业，在评价企业的盈利能力时，还可能会用到每股利润、每股现金流量、每股股利、股利支付率、每股净资产、市盈率和市净率等财务指标，这里不做详细介绍。

下面来看一个简单的例子，看看上述三个经营利润率的运用。

实例分析

借助各种经营利润率评价企业的盈利能力

2×22 年 12 月底，某公司管理人员查看公司的年度财务报表，发现与经营利润率相关的数据见表 7-6。假设该公司当年没有发生销售退回、销售折扣和销售折让。

表 7-6　与经营利润率相关的数据

报表项目	本年累计金额（元）	报表项目	本年累计金额（元）
营业收入	4 527 977.73	销售费用	128 086.39
营业成本	3 539 771.37	管理费用	102 422.81
税金及附加	210 558.64	财务费用	43 838.23
净利润	380 695.27	所得税费用	141 531.04

根据销售毛利率、销售净利率和成本费用净利率的公式，可以计算出相应财务指标的值。

销售毛利 =4 527 977.73−3 539 771.37=988 206.36（元）

销售毛利率 =988 206.36÷4 527 977.73×100% ≈ 21.82%

销售净利率 =380 695.27÷4 527 977.73×100% ≈ 8.41%

成本费用总额 =3 539 771.37+210 558.64+128 086.39+102 422.81+43 838.23+141 531.04=4 166 208.48（元）

成本费用净利率 =380 695.27 ÷ 4 166 208.48 × 100% ≈ 9.14%

　　从计算结果可以看出，销售毛利率为 21.82%，说明该公司营业成本占营业收入的比重较大，企业盈利能力较弱；销售净利率为 8.41%，说明公司每 100.00 元的营业收入只能获取 8.41 元的净利润，也反映出企业的盈利能力不强；成本费用净利率为 9.14%，说明公司为了获取利润而需要付出的代价较多，盈利能力较弱。

　　因此，从三个经营利润率指标都可以看出该公司的盈利能力不强。当然，如果与同行业的这些财务指标的结果相比稍高，则说明盈利能力不高是该行业的特点，而公司利润率还比平均水平稍高，则盈利能力算是比较强的。

四、选用报表数据，分析企业的发展能力

　　作为企业负责人，你想让企业持续经营下去并收获可观的利润吗？这是肯定的。但是，企业有没有足够的能力继续发展下去，你知道吗？你可能犯难了。别着急，我们可以借助报表数据分析企业的发展能力。

⑦ 从资产的增长率，看企业的发展能力

　　在分析企业的发展能力时，所说的资产的增长率主要包括资产增长率和股权资本增长率。

（1）资产增长率

　　资产增长率是企业当年总资产增长额与年初资产总额的比率，计算公式如下：

资产增长率 = 本年总资产增长额 ÷ 本年年初资产总额 × 100%

本年总资产增长额 = 本年年末资产总额 − 本年年初资产总额

　　资产增长率从企业资产规模扩张的角度来衡量企业的发展能力。一般来说，资产增长率越高，说明企业资产规模扩张的速度越快，企业的竞争力会增强；增长率越低，说明企业资产规模扩张的速度越慢，企业的竞争力会减弱。注意，在分析企业资产数量增长的同时，还应分析企业资产的质量变化，换句话说，企业不能一味地扩张资产规模而忽视资产的质量。

（2）股权资本增长率

股权资本增长率又称净资产增长率或资本积累率，是企业当年股东权益增长额与年初股东权益总额的比率，计算公式如下：

股权资本增长率 = 本年股东权益增长额 ÷ 本年年初股东权益总额 × 100%

本年股东权益增长额 = 本年年末股东权益总额 − 本年年初股东权益总额

股权资本增长率可以反映企业当年股东权益的变化情况，从而体现企业的资本积累能力和发展潜力。股权资本增长率越高，说明企业资本积累能力越强，企业发展能力也越强；增长率越低，说明企业资本积累能力越弱，发展能力也越弱。

下面来看一个简单的例子，了解这两个财务指标的运用。

> **实例分析**
>
> **借助资产的增长率评价企业的发展能力**
>
> 2×22年12月底，某公司管理人员查看公司的年度财务报表，发现与资产增长情况相关的数据见表7-7。
>
> 表7-7 与资产增长情况相关的数据
>
> | 报表项目 | 期初余额（元） | 期末余额（元） |
> | --- | --- | --- |
> | 资产总计 | 18 691 770.94 | 19 386 381.28 |
> | 股东权益合计 | 3 498 444.73 | 3 927 727.76 |
>
> 根据资产增长率和股权资本增长率的公式，可以计算出相应财务指标的值。
>
> 本年总资产增长额 = 19 386 381.28 − 18 691 770.94 = 694 610.34（元）
> 资产增长率 = 694 610.34 ÷ 18 691 770.94 × 100% ≈ 3.72%
> 本年股东权益增长额 = 3 927 727.76 − 3 498 444.73 = 429 283.03（元）
> 股权资本增长率 = 429 283.03 ÷ 3 498 444.73 × 100% ≈ 12.27%
>
> 从上述计算结果可知，总资产的增长率比不上股权资本的增长率，这可能是因为该公司当年的负债总额也在增加，且增长幅度大于股东权益的增长幅度。
>
> 通过这两个指标分析企业的发展能力时，还要结合行业特点和同行业的

平均水平。如果资产增长率和股权资本增长率均高于行业平均水平，则说明该公司的发展能力较强；反之，低于行业平均水平，说明该公司的发展能力较弱。

另外，还可以将这两个指标的值与以前年度算出的资产增长率和股权资本增长率相比较，如果在增大，说明企业发展能力在不断增强；如果在减小，说明企业发展能力在减弱。

⑧ 从经营获利增长率，看企业的发展能力

经营获利增长率也能反映企业的发展能力，毕竟只有经营获利在增长，才能说明企业在顺利地往好的方向发展。

进行报表分析时，常常用到的经营获利增长率包括销售增长率和利润增长率。

（1）销售增长率

销售增长率是企业当年营业收入增长额与上年营业收入总额的比率，计算公式如下：

销售增长率 = 本年营业收入增长额 ÷ 上年营业收入总额 ×100%

本年营业收入增长额 = 本年营业收入总额 − 上年营业收入总额

销售增长率反映了企业营业收入的增减变化情况，是评价企业成长性和市场竞争力的重要指标。增长率大于0，说明企业当年营业收入与上年相比有增加，增长率越大，说明营业收入增加速度越快，发展能力越强，竞争力也越强；增长率越小，说明营业收入增加速度越慢，发展能力越弱，竞争力也越弱。增长率小于0，说明企业当年营业收入与上年相比在减少，企业的发展能力在减弱，竞争力也会减弱。

（2）利润增长率

利润增长率是企业当年利润总额增长额与上年利润总额的比率。另外还可以延伸出净利润增长率，是企业当年净利润增长额与上年净利润总额的比率，相关计算公式如下：

利润增长率 = 本年利润总额增长额 ÷ 上年利润总额 ×100%

本年利润总额增长额＝本年利润总额－上年利润总额

净利润增长率＝本年净利润增长额÷上年净利润×100%

本年净利润增长额＝本年净利润－上年净利润

这两个财务指标从不同的利润增长角度反映企业的发展能力。但无论是哪个指标，增长率大于0，说明企业当年的利润或净利润与上年相比有所增加，且增长率越大，说明增长速度越快，企业成长性越好，发展能力越强；增长率越小，说明增长速度越慢，企业成长性越差，发展能力也越差。增长率小于0，说明企业当年的利润或净利润与上年相比在减少，企业发展能力在减弱，竞争力也会减弱。

下面来看一个简单的例子，了解这几个经营获利增长率的运用。

> **实例分析**
>
> **借助经营获利增长率评价企业的发展能力**
>
> 2×22年12月底，某公司管理人员查看公司的年度财务报表，发现与收入和利润增长情况相关的数据见表7-8。
>
> 表7-8　与收入和利润增长情况相关的数据
>
> | 报表项目 | 本年累计金额（元） | 上年累计金额（元） |
> | --- | --- | --- |
> | 营业收入 | 4 527 977.73 | 4 191 116.77 |
> | 利润总额 | 522 226.31 | 796 757.52 |
> | 净利润 | 380 695.27 | 592 981.16 |
>
> 根据销售增长率、利润增长率和净利润增长率的公式，可以计算出相应财务指标的值。
>
> 本年营业收入增长额＝4 527 977.73－4 191 116.77＝336 860.96（元）
>
> 销售增长率＝336 860.96÷4 191 116.77×100%≈8.04%
>
> 本年利润总额增长额＝522 226.31－796 757.52＝－274 531.21（元）
>
> 利润增长率＝－274 531.21÷796 757.52×100%≈－34.46%
>
> 本年净利润增长额＝380 695.27－592 981.16＝－212 285.89（元）
>
> 净利润增长率＝－212 285.89÷592 981.16×100%≈－35.8%
>
> 从上述计算结果可知，销售增长率为正，利润增长率和净利润增长率均

为负，说明该公司当年的营业收入与上年相比有所增加，但是当年利润总额和净利润与上年相比却在减少，说明该公司当年的成本费用在增加，且增加的幅度大于营业收入的增加幅度，进一步说明该公司当年对成本费用的控制能力在减弱，导致公司的发展能力在减弱。

另外，我们需要结合公司当年所处的经济环境来综合分析判断。如果当年经济环境不好，很多公司都出现利润负增长，且负增长的速度比公司的速度还快，则该公司的发展能力没有明显减弱，在市场中仍然具有较大的竞争力。

至此，关于财务报表分析的内容就基本上讲解完毕了。